JN142265

「理性」への希求

裁判員としての市民の実像

白岩祐子 Yuko Shiraiwa

ナカニシヤ出版

はじめに

本書が注目するのは，凶悪な犯罪によって家族の生命を奪われた遺族が被告人に厳しい刑罰を求める場面で，裁判員としての市民はどのようにして，またどのような刑罰を決定するのかという論点である。その上で本書がめざしているのは，これまで司法関係者やマスメディア，研究者がほぼ暗黙のうちに前提としてきた市民像を再検討し，その新たな一面を見いだすことにある。

2009年5月に始まった裁判員制度をめぐっては，市民参加そのものの意義や必然性，そして策定過程の見えやすさ，妥当性など，これまでさまざまな議論が行われてきた。その中で「法律のしろうと」といわれる一般の人々の資質を語る専門家やメディアの語りには，ある一貫した特徴を見いだすことができる。それは，「証拠にもとづいた冷静な判断を下すことが苦手であり，その場で湧き上がる感情に任せて判断を下しやすい」という市民イメージの存在であり，裁判員としての市民が語られる際には，こうした前提がほぼつねに通奏低音となっていたことである。この前提はとくに疑われることもなく，「それこそが制度によって実現される意義」などと肯定的にも，逆に「法的安定性や被告人にとっての公平性を損なうもの」などと否定的にも受けとめられてきた。

このうち圧倒的に多かったのは後者であろう。安定性や公平性，つまり同じような事件には同じような刑罰を科すということは，日本の刑事裁判においてもっとも重視されてきた価値のひとつである（フット，2007 溜箭訳 2007）。市民の裁判参加を契機として，そうした旧来型の価値を整理し，見込まれる新しい価値との優先順位を再考する動きがあればまた別の展開になっていたかもしれないが，制度の方向性を議論する過程では，対立する複数の価値が取捨選択されずに並存し，安定性を重視するこれまでの価値も手つかずのまま盛りこまれた。法的安定性はこれまで通り重要視しながら，一見するとそれを脅かすような要素を新たに投じたのだとすれば，制度に否定的な反応が多く寄せられるのも当然の帰結というべきだろう。

ところで，「一般の人々は感情に任せて判断を下しやすい」という先の前提は，少なくとも実証的な社会科学の領域ではそれほど自明のことではない。むしろ，当該領域はこの仮説を立証するのにくり返し失敗してきた。これを検証するための手続きはごくシンプルであり，残酷な証拠写真や被害者・遺族の痛ましい証言など，見る者に何かしらの感情をかきたてる実験刺激を用意して，模擬裁判の映像やシナリオにこれを埋めこむ場合（実験条件）と埋めこまない場合（統制条件）とで，大学生や市民が選ぶ刑罰の重さを比較することが一般的に行われている。このような実験パラダイムは，国外では1990年から2000年代を中心に，また国内では裁判員制度が始まった2009年以降，集中的に採用されてきた。上記のような感情喚起刺激によって影響を受けた法的判断を，伝統的に「逸脱（バイアス）」として理解する立場が優勢であったため，これらの研究はさながらバイアス検出競争の様相を呈してきた。しかし，一部の研究ではかなり強烈な実験刺激が用いられたにもかかわらず，バイアス，すなわち実験条件と統制条件における刑罰の差は，必ずしも検出されてこなかった。

その原因をさぐる上で手がかりになるのは，争点である「バイアス」に対する市民自身の態度であろう。というのも，研究者らが市民のバイアスを懸念するのと同じくらい，市民も自らの法的判断に危惧や不安を抱いている様子がみてとれるからである。最高裁判所（2013）が行った国民意識調査によると，8割以上の人が裁判員として刑事裁判に参加したくないと答えており，その理由として，「被告人の運命を決めることの責任の重さ（76.2%）」，「しろうとであることへの不安（61.6%）」，「冷静に判断することに対する自信のなさ（47.5%）」などが挙げられている。この値は，裁判員制度が始まる直前に行われた同調査（最高裁判所，2008）からほとんど変化していない。裁判員としての市民の資質に対する疑念や，判断バイアスを呈するのではないかという不安は，当事者を含む社会がひろく共有しているものといえるだろう。

市民の裁判参加をめぐり，人々に不安や危惧をもたらしている主な要因を要約すれば以下のようになる。すなわち，安定性や均一性――同じような事件には同じような刑罰を科すことをよしとする価値――がこれまで重視されてきたことを人々は経験的に把握しており，さらに，本制度をきっかけに刑事裁判のあり方そのものが見直されたわけではなく，法的安定性は今後も変わらず重視されること，またそのために必要とされる法的知識と経験を自分たちが備えていないことを，人々はいずれもシビアに理解している。そのような状況にあって，人々は自ら懸念し，また他者からも懸念されているまさにその行為を選びとることができるだろうか。いい換えれば，市民は感情に任せて判断しやすいから刑事裁判にはふさわしくない，とたびたび指摘される中で，人々はそれでもなお，被害者への共感や被告人への嫌悪にもとづいて，著しく重い刑罰を被告人に科すことができるだろうか。

こうした状況におかれた人々の中に，「理性」への希求が立ち上がるだろう。これが本書における構想の骨子である。裁判や司法といった概念に関連して，「"理性的" に判断しなければならない」という信念を人々は内在化させており，とくに責任が伴う場面ではこの信念が駆動するだろう。「裁判は "理性的" であるべき」との信念は，これを脅かすような状況，たとえば被害者の遺族が被告人に重い刑罰を求めるような場面において，いっそう硬直的に作用するものと考えられる。その結果，遺族の発言を聞いた人々の中に被告人への嫌悪や被害者・遺族への共感が生起したとしても，「裁判は "理性的" であるべき」との信念が，そうした刑罰促進効果を打ち消すことになるだろう。

「裁判は理性に依拠している」という信念は，一般の人々のみならず司法関係者もまた伝統的に保持してきた一種の神話というべきだが（Bandes, 1999），その拘束力は，「法律のしろうと」として衆人環視にさらされる一般の人々に対してとくに強く作用するだろう。本書がこの信念に焦点をあてるのは，理性 対 感情といった対立的な理解の枠組みが社会的にひろく共有されており（Nussbaum, 2004 河野訳 2010），このうち「理性」は法的安定性にとって欠かせないものとみなされているからである。

一般の人々はこれまで，見聞きした刺激にただふりまわされる，受け身の判断者として専門家に想定されてきたし，自身でもそのように考えてきた。こうした市民の姿は，自宅などのごく私的な空間にいて，報じられた事件を自由に，いかなる規範や責任にも拘束されずに語っているときのふるまいには確かにあてはまるかもしれない。しかし，裁判員のように高度に公的な立場におかれ，法的安定性や「理性」の重視といった規範が顕現化している局面では必ずしもあてはまらないだろう。ニュースを見ていたある人物が，事件や犯行の酷さに眉をひそめ，「こんな悪いことをする奴はさっさと死刑にするべきだ」と身内に語ったからといって，裁判員としての責任ある判断を求められた場合にも同じようにふるまうとは限らない。私たちは他者からの期待，場の規範といった社会的影響を受けずには生きていけない存在であり，お茶の間と法廷で同じようにふるまうものと考えるならば，それは状況が個人に及ぼす力をあまりに軽視しているというべきである。本書の目的は，このようにごく一面的に捉えられてきた従来の市民像を，人々が内在化している「理性」への希求という観点から捉えなおすことにある。「感情的」な刺激に左右されまいとする人々の自己抑制[1]的な側面を新たに示すことができれば，裁判員としての市民に対する理解を深化させることにつながるだろう。

なお，本書が検討するのは個人の判断とそのプロセスである。「証拠にもとづいた理性的な判断を下すのは苦手であり，その場で立ち上がる感情に任せて判断を下しやすい」という旧来の市民像は，もともと個人レベルで想定されてきた言説であり，そこでは評議による影響や相互作用は一切考慮されていない。本書もまた個人レベルの判断過程に焦点をあて，評議による影響は検討の枠外とする。その意味で本書は一義的に，人々の法的判断に関する基礎的研究として位置づけられるべきだろう。

1　自己抑制という言葉はもともと，自身の感情などを抑え，制御することを意味している。本書では，「感情的」な刺激に心を動かされないようにしよう，という目標に動機づけられた個人の反応をあらわす用語として使用する。

目　次

はじめに　*i*

1　脆弱な法的判断者としての市民……………………………1

1.1. 裁判員制度とは　**1**

1.2. 被害者参加制度とは　**4**

1.3. 法的判断者としての市民をめぐる議論　**7**

1.4. 法的判断者としての市民をめぐる研究　**8**

1.4.1. 自然実験　**9**

1.4.2. シナリオ・映像実験　**9**

1.4.3. 先行研究の限界と新しい視点　**16**

2　市民をめぐる議論の陥穽……………………………19

2.1. 人々は司法をどう捉えているのか　**19**

2.1.1. 裁判をめぐる人々の信念　**19**

2.1.2. 被害者・市民ステレオタイプ　**21**

2.1.3. 信念やステレオタイプがもたらすもの　**22**

2.2. 第三者効果はなぜ生じるのか　**23**

2.2.1. 自己インパクト否認　**24**

2.2.2. 他者インパクト肯定　**28**

2.3. 第三者効果は何をもたらすのか　**31**

2.3.1. 検閲意図に対する効果　**31**

2.3.2. 投票行動に対する効果　**32**

2.4. 本章のまとめ　**33**

3　裁判員としての市民の実像 …… 35
3.1. 導出された論点　35
3.2. 本書が検証するモデル　37
3.3. 本書の検証プロセス　39

4　司法場面における第三者効果 …… 41
4.1. 第三者効果は裁判でも生起するか　41
4.1.1. 研究 1　41
4.1.2. 研究 2　45
4.2. 自己インパクト否認の規定因　53
4.2.1. 研究 3　53
4.2.2. 研究 4　59
4.3.「理性的」な裁判信念が量刑判断に及ぼす間接効果　66
4.3.1. 研究 5　66
4.3.2. 研究 6　72
4.4. 第三者効果への介入　77
4.5. 本章のまとめ　81

5　「理性的」な裁判信念と量刑判断 …… 87
5.1. 研究 7 ：量刑判断に及ぼす直接効果　87
5.2. 研究 8 ：量刑判断に対する調整効果　94
5.3. 本章のまとめ　98

6　裁判員としての市民の実像 …… 101
6.1. 本書が明らかにしたこと　101
6.2. 理論的な示唆　104
6.2.1. 第三者効果　104
6.2.2. 裁判員としての市民　107
6.3. 実践的な示唆　109
6.4. 研究の展望　111

引用文献　**115**

おわりに　**123**

巻末資料（教示・裁判シナリオ）　**129**

■ コラム

1　PR 映画からみえてくる制度の目的　**4**
2　被害者参加制度の効果検証　**7**
3　マイヤーズら（Myers & Arbuthnot, 1999）の研究の詳細　**12**
4　遺族が裁判で気をつけていること　**21**
5　第三者効果の規定因として動機に注目する理由　**25**
6　第三者効果とよく似た認知バイアス　**28**
7　プライスら（Price et al., 1998）の研究の詳細　**84**
8　司法や裁判における「感情」の役割　**108**

1 脆弱な法的判断者としての市民

1.1. 裁判員制度とは

概要　本制度は2009年5月に始まった。裁判員に選任された市民は，職業裁判官とともに刑事裁判（第一審）に出席し，犯罪事実の認定（被告人が有罪であるかどうか）と，有罪である場合にはふさわしい刑罰の決定を行う（量刑）。

適用　本制度が適用されるのは，（1）死刑または無期懲役・禁錮が含まれる罪（殺人，強盗致死，強盗致傷，強盗強姦，強盗強姦致死，強姦致死，強姦致傷，現住建造物放火，身代金目的誘拐罪など），（2）複数の裁判官による審理が行われる事件のうち，故意の犯罪行為により被害者を死亡させた罪（殺人，強盗致死，強盗強姦致死，強姦致死，傷害致死，危険運転致死，保護責任者遺棄等致死など）のいずれかに該当する事件である。

選任手続き　裁判員は，以下の手続き（表1）を経て無作為に選出された20歳から70歳までの市民6名で構成される。

役割　裁判員の役割は，公判の出席，評議・評決，判決の宣告に大別される。公判では，証拠書類の取り調べや証人・被告人に対する質問が行われる。評議では，犯罪事実と量刑について裁判官を交えた議論が行われる。評議において意見が一致しなかった場合，多数決によって評決が行われるが，その際，職業裁判官1名以上が多数意見に賛成していることが要件となる。評決後は裁判長が法廷で判決を宣告し，裁判員もその場に同席する。

運用状況　最高裁判所（2011）によると，2010年には1,506件の裁判員裁判が行われ（うち殺人は359件，傷害致死は115件と，それぞれ全体の23.5%，7.5%を占める），延べ8,673名が裁判員に選任された。裁判員が裁判参加した平

表1．裁判員の選任手続き

（1）裁判員候補者名簿の作成	地方裁判所ごとに，管内の市町村の選挙管理委員会が，くじで選んで作成した名簿にもとづいて，翌年の裁判員候補者名簿を作成する。
（2）候補者への通知・調査票の送付	候補者に対し裁判員候補者名簿に登録されたことを通知する。同時に，就職禁止事由[注)]や客観的な辞退事由（裁判員法16条が規定する人）などに該当するか否かを尋ねる調査票を送付し，得られた回答にもとづいて以降の対象者を選別する。
（3）候補者の選出	裁判員候補者名簿の中から，事件別にくじで裁判員候補者を選出する。
（4）候補者への呼出状・質問票の送付	（3）で選出された候補者に，選任手続き期日の呼出状と質問票を送付する。通常，裁判の6週間前までに送られる。質問票への回答によって辞退が認められる場合には呼び出しが取り消される。
（5）選任手続き（非公開）	候補者のうち，辞退を希望しなかった人と，質問票への回答では辞退が認定されなかった人が裁判所に出向く。裁判長は候補者に対し，不公平な裁判をするおそれの有無，辞退希望の有無やその理由などについて質問する。
（6）裁判員の選任	最終的に，事件ごとに6名の裁判員を選出する。必要な場合には補充裁判員も同時に選任する。

注）法専門家や国会議員などは裁判員制度の趣旨や三権分立の観点から除外される。

均日数は4.3日であり，公判の出席については10時間余り，評議にかかった時間は8時間余りとなっている。

諸外国の制度との異同　イギリスやアメリカなどで採用されている「陪審制度」，ドイツ，フランスやイタリアなどで採用されている「参審制度」はいずれも，市民の裁判参加という大枠において日本の裁判員制度と同一である。各制度の特色や裁判員制度との異同は次の通りである。

陪審制度の場合，市民から構成される陪審と職業裁判官は別々の役割を担うことになる。陪審は犯罪事実の認定のみを行い，量刑判断および法の解釈は裁判官が行う。ただし，死刑が求刑された場合，アメリカの州によっては陪審が量刑を判断することもある。陪審員は事件ごとに選任されるが，この点は日本の裁判員制度と同様である。

参審制度とは，市民から構成される参審員と職業裁判官が合議体を形成し，犯罪事実の認定や量刑判断，法の解釈をともに行う制度である。日本の裁判員制度は，一般市民から成る裁判員と職業裁判官が合議体を形成する点において参審制と一致している[2]。一方で参審員は，日本のように事件ごとではなく，任期制で選ばれる点に特色がある。

導入の背景　本制度は，市民の健全な感覚や常識を裁判に取り入れ，司法に対する人々の信頼を深めることが目的だと説明されている（法務省，2006）。従来の刑事司法に対する明示的な不満や，新制度への強いニーズを受けて導入されたわけではない点で，後述する被害者参加制度とは大きく異なっている。どちらかといえばトップダウンで始まった制度というべきだが，では有識者による議論の中で意見の一致をみていたかといえば，必ずしもそうとはいえないだろう。市民の司法参加がそもそも望ましいかどうかについてまず意見が分かれ（丸田，2009），導入するとなれば今度はそのあり方，つまり陪審制にするか参審制にするかをめぐってさらに意見は対立した（フット，2007 溜箭訳 2007）。

結局，そうした意見の対立が解消されないまま制定に至った本制度は，それゆえしばしば妥協の産物と称されることがある（フット，2007 溜箭訳 2007；丸田，2009）。制度の目的についても，断片的なキャッチフレーズは挙げられているものの，制度案の骨子をまとめた裁判員制度刑事検討会も，制度を設置する法案を成立させた国会も，また最高裁判所も，その説明はきわめて曖昧で抽象的なものにとどまっている。制度の背後にはさまざまな立場に依拠した異なる複数の目的が存在し，それらが整理，統合されないまま並立している現状に鑑みれば，制度の趣旨を明快に矛盾なく説明することの難しさは明らかだろう（フット，2007 溜箭訳 2007）。多くの日本人がいまだ本制度の意義を理解しえないでいるとすれば，それはむしろ当然のことなのかもしれない。

導入の目的　司法制度改革審議会（以下「法制審」とする）が提出した意見書に照らせば，少なくとも以下の 4 点を主要な目的とみなすことができる（フット，2007 溜箭訳 2007）。第一の目的は，健全な社会常識を評決に反映させることにある。具体的には，誤審を防ぐこと，検察庁や裁判所といった公権力を抑制すること，また被告人に甘く被害者や社会の関心には敏感といえない裁判官の量刑に，一般の人々の意見を反映させることが目的とされている。第

2　ただし日本の場合，法の解釈は裁判官のみが行う。

二の目的は，裁判官および市民に対する教育効果に主眼が置かれている。つまり，市民とのやりとりを通じて裁判官の社会的感受性が高まるとともに，裁判経験を通して刑事司法に対する市民の理解が深まることが期待されている。その上で，こうした事柄を通して，刑事司法に対する市民の信頼が深まることが第三の目的として挙げられている。最後に，本制度は国民主権の強化につながることが期待されている。日本はそれまで，世界の先進国の中では市民の司法参加制度をもたない例外的な国であった（丸田，2009)。そのような状況下，顕著であった市民の統治客体意識を脱却し，社会的責任を負った統治主体意識へと生まれ変わること，さらに，市民のための司法を市民自らが実現し支えていくことが本制度の目的とされている。

■ コラム1：PR映画からみえてくる制度の目的

裁判員制度を周知するための映画がいくつか製作されている。このうち，日本弁護士連合会が作成した映画（『裁判員：決めるのはあなた』）は，制度が冤罪の防止に役立つというメッセージを強く打ち出している。一方，最高裁判所が作成した映画（第一弾の『評議』と第三弾の『審理』）は，被害者，社会の安全，刑罰をめぐる社会的な常識が反映されるとのメッセージや，裁判官と裁判員のやりとりを通じて評議のプロセスがより実りあるものになるとのメッセージを強調するものとなっている（フット，2007 溜箭訳 2007）。

『裁判員：決めるのはあなた』のDVDは2005年から販売されている旨が，日本弁護士連合会のホームページに記載されている。『評議』は最高裁判所のホームページ上で閲覧することができる。『審理』については，出演者が覚せい剤取締法違反で有罪判決を受けた影響から，最高裁判所ホームページ上での配信は中止されているが，全国の学校・図書館での視聴や貸出しは再開されている。

1.2. 被害者参加制度とは

概要　本制度は2008年12月から始まった。一定の重大事件の被害者[3]が希

3　本書では，被害者本人に加えその家族・遺族についても基本的に「被害者」と総称し，区別する際にはとくに「遺族」などと個別に表記する。

表２．被害者が参加することのできる裁判手続き

（１）証人尋問	情状事項（謝罪や損害賠償などの情状酌量に関する証言）について質問できる。
（２）被告人質問	被告人に直接質問することができる。これは（３）の論告・求刑を行う上で必要と判断された場合に認められる。
（３）論告・求刑	事実または法律の適用について意見することができる。検察官による論告・求刑と同様，証拠としては採用されない。

望した場合，検察官の補助的な立場である「被害者参加人」として，刑事裁判に参加することを認める制度である。被害者もまた裁判に重大な利害と関心をもつ事件当事者であり，その立場に相応しい処遇を保障してほしい，という被害者自身の声と，これを推す社会的機運によって実現した（白木，2007；白木・飯島，2008）。

役割　裁判参加が裁判所から認められると，被害者は次の３つの裁判手続き（表２）に参加することが可能となる。

（１）の証人尋問や（２）の被告人質問は原則として検察官が行うものとされ，検察官の訴訟活動と重複せず，かつ被害者が直接尋問・質問した方が適切だと検察官が判断した場合のみ，検察官が裁判所に取り次ぎ，最終的にその可否は裁判所によって判断される。この他，参加が認められた被害者が希望すれば，傍聴席ではなく法廷内に席が用意される。

適用　申し出が認められているのは，故意の犯罪行為により人を死傷させた罪など（殺人，強姦致死傷，傷害致死，強盗致死傷，強盗強姦致死，強姦，業務上過失致死傷，営利目的等略取および誘拐など）の被害者であり，裁判所はその申し出を受け，被告人側の意見や犯罪の性質などを考慮した上で最終的に参加の可否を判断する。

運用状況　制度開始から１年が経過した2009年11月末時点で，被害者参加人の申出人員926名中，最も比率が高いのは被害者の父母（237名）であり，次いで本人（175名），弁護士（175名）の順となっている（内閣府，2010）。

諸外国の制度との異同　類似の制度として，北米やオーストラリアなどで運用されている被害影響陳述（Victim Impact Statement：以下「VIS」とする）を挙げることができる。この制度の概要は，被害者が被害によって受けた

経済的・身体的・心理的な影響や事件に対する意見などを，書面や口頭で裁判所に伝えるというものである（Myers & Greene, 2004）。より具体的には，被告人を特定し，被害者が受けた経済的損失や身体的損害を表現し，犯罪によって生じた被害者の生活上の変化を伝え，また犯罪が被害者に与えたインパクトに関するその他の情報を発信する手段である（Maryland, 1987）。この制度は，被害者のおかれた状況を裁判官や陪審などに伝えることを目的としており（佐伯，2010），被害者の刑事裁判への関与を可能にする点において，日本の被害者参加制度に類似した制度ということができる。ただし，被害者参加制度の場合には，被害者は裁判で心情や意見を述べるだけでなく，被告人や証人に直接質問することができるのに対し，VIS は一方的な陳述・書面提出の形式をとり，発言内容や方法はかなり制約されることになる。

導入の背景・目的　被害者参加制度は，事件当事者であっても訴訟当事者ではないとして，被害者を疎外してきたそれまでの刑事裁判を見直す趨勢の中から生まれた制度である。具体的には，「事件の全容や真相を知りたい」，「被害者の言い分も聞き入れた公平な裁判であってほしい」，「死亡した被害者が一方的に非難されるのをただ聞いているのは耐えがたい」という被害者の要望がこの制度導入を後押しした。このように制度の目的は第一に，被害者の知る権利を保証することにある（番・武内・佐藤，2006）。第二に，証人や被告人が事実に反する発言を行った際には，被害者からの反論を可能にすることで，それまで見落とされてきた争点が明らかになり，真実の解明，死亡した被害者の名誉の回復（加藤，2007；守屋，2007），さらに残された遺族や被害者本人の立ち直りに寄与するものと位置づけられている（椎橋，2008；大谷，2007）。第三に，刑事裁判が被害者の意見も聞き入れて行われることを明確にすることで，刑事司法に対する被害者，ひいては社会の信頼確保につながると考えられている（番ら，2006；大谷，2007）。第四に，適正な科刑の実現（大谷，2007）や被告人の更生（椎橋，2008）に資することが期待されている。

コラム２：被害者参加制度の効果検証

本制度についてはいくつかの効果検証が行われている。死亡事件の遺族を対象とした研究によると，本制度を利用した遺族は，利用できなかった遺族に比べ，刑事司法と検察官に対する信頼が改善している（白岩・唐沢，2014）。また本制度を利用した遺族は，被害者の死亡状況や事件の全容について，裁判を通じてほぼ期待どおりに知ることができた一方で，制度を利用することができなかった遺族の場合，知りたいという要望はほとんど充たされていなかった（白岩・小林・唐沢，2016）。さらに制度を利用した遺族の多くが，その意義として「故人のために家族としてできる最後の務めを果たすことができる」点を挙げたほか，「被告人の一方的な発言を許さない」など，公正な裁判や被害者の名誉回復を裁判参加の目的として挙げていた。遺族にとって，被告人に反論する機会が保証されることも，制度の重要な意義であることがうかがわれる（白岩・小林・唐沢，2018）。

被害者はかつて「国家からも司法からも忘れられた存在」といわれ（犯罪被害救援基金，1996），ながらく孤立無援の状態で被害と向き合うことを余儀なくされてきたが，そうした状況は近年になり大きく変わりつつあるといえるだろう。

1.3. 法的判断者としての市民をめぐる議論

裁判員制度と被害者参加制度は，殺人や傷害致死などの重大事件に重複して適用されることから，「被害者の裁判参加は市民の法的判断に影響を及ぼしうる」という予測がこれまで提起されてきた。

たとえば，「被害者参加人の意見や質問は，裁判員の情緒に強く働き，“証拠”に基づいて冷静になされなければならない事実認定について大きな影響を与える可能性は否定できない。その結果，裁判員が被害者参加人の訴訟活動の影響を受けて，量刑が重罰化されることが危惧される[4]」という意見（日本弁護士連合会，2007；pp. 4－5）や，「法律的には専門家でない裁判員は，被害者参加人の感情的な発言や態度に触れ，それに引きずられてしまう危険性がある」という意見（足立，2007；p. 42）が提出されており，同様の指摘はこの

4　司法実務，あるいは法と心理学などの研究領域の一部では，被告人にとっての公平性や法的安定性を重視する立場から，いわゆる「重罰化」を否定的に捉える傾向がみられるが，本書はそうした特定の立場からは距離をおく。

他にも多数行われている（e.g., 川崎，2007；白取，2007；山下，2007）。国内主要紙の社説でも，「（裁判員は）意見として聞くだけとはいえ，被害者の求刑に引きずられないか」（朝日新聞，2007），「被害者の感情的な発言を前にして，法律の専門家でない裁判員が冷静な判断を下すことができるのか」（読売新聞，2007）など，同様の指摘がなされてきた。

これらの指摘が含意しているのは，「事実認定や量刑判断は冷静に行われる必要がある」のに対し，被害者は法廷で「感情的」になりやすく，一般市民はそれに影響されやすい，という前提である。これらの前提からは，両制度が適用される裁判では裁判員が被害者の発言に影響され，より厳しい事実認定や量刑判断を行う，という帰結が導きだされることになろう。同様の予測は，市民による裁判参加の長い歴史をもつ諸外国においても提起され，被害者の裁判参加と人々の法的判断との関連がたびたび検討されてきた。次節ではまずその研究動向を概観し，次いでそれらの課題を検討することとしたい。

1.4. 法的判断者としての市民をめぐる研究

社会的属性や容貌，法廷でのふるまいなど，被害者に関する情報が人々の法的判断に与える影響は，心理学と法学の学際領域において相当数検討されてきた（Hagan, 1982）。これらの研究手法は主に，事件や裁判に関するシナリオ・画像・映像を実験参加者に提示し，その後，被告人に関する法的判断を求めるというものである。前述した VIS などの被害者関連情報はシナリオや映像の中に埋め込まれることになる。

VIS と人々の法的判断に関する研究では，被害者の裁判参加が人々の「証拠を合理的に評価する能力」を圧倒し，被告人へのより重い量刑をもたらすという予測が検討されてきた（Myers & Greene, 2004）。しかしながら，それらの検証結果は以下に示す通り必ずしも一貫していない。本節ではまず，VIS の有無や内容などを操作し，被害者関連情報が人々の法的判断に及ぼす影響について検討した先行研究を，自然発生データを扱った自然実験と，シナリオや映像などを用いて行われた模擬裁判（シナリオ・映像）実験に分けて概観する（その要約を表 3（p. 15）に示した）。

1.4.1. 自然実験

ウォルシュ（Walsh, 1986）は，アメリカ・オハイオ州で起きた性犯罪事件を対象に，被害者が量刑についての意見を述べているかどうか（意見なし／意見あり＋保護観察を希望／意見あり＋自由刑を希望）が，被告人の実際の処遇にどのような影響を及ぼしているかを分析した。犯罪の深刻さや被告人の前科などを統制した上で，上記要因の効果を検討したところ，被害者の意見による被告人処遇への影響はみられなかった。

エレツら（Erez & Tontodonato, 1990）は，同じくオハイオ州内で起訴された500の重罪事件につき，「書面での VIS の有無」，「被害者の陳述の有無」と「被害者の裁判出席の有無」がもつ量刑判断への効果を検討した。被告人の前科や犯罪の深刻さなどを統制した上，上記の 3 要因を独立変数，保護観察か自由刑かの判断，および（自由刑の場合）量刑年数を従属変数とする重回帰分析を行ったところ，自由刑の選択率に対する上記変数の効果はなく，量刑年数に対しては，「被害者の裁判出席の有無」による効果が確認された。VIS や陳述の有無は量刑年数に対して効果をもたなかった。

エレツら（Erez & Roeger, 1995）はまた，オーストラリア・南オーストラリア州で発生した暴行事件について，VIS の有無が法的判断（自由刑の割合・量刑判断・損害賠償命令）に及ぼす効果を検証している。study 1 では，自由刑の割合と損害賠償命令に対する VIS の効果は確認されず，また量刑判断については，VIS が導入された1989年以降に重くなる傾向がみられたものの，あわせて恩赦や仮釈放などのルールも変更されていることから，真の効果量を把握することは困難だと結論づけられている。男性による暴行事件を対象とした study 2 では，自由刑の割合と量刑判断いずれに対しても VIS の効果は確認されていない。

1.4.2. シナリオ・映像実験

シナリオや映像を用いた模擬裁判実験は，実社会で生じる外的要因の影響を受けないというメリットがあり，そのため自然実験よりはるかに多く行われている。

はじめに，予測通り VIS が量刑判断を左右することを示した研究として，大学生を対象に行われたシナリオ実験をとりあげる。この実験では，被告人が有罪であることはすでに確定している強盗殺人事件が題材とされ，書面によるVISの有無が操作された（Luginbuhl & Burkhead, 1995）。VISの内容は，被害者の死が遺族（殺害された女性の子どもと母親）に与えたダメージと，被害者の優れた資質や被告人に対する遺族の意見について，保護観察官がまとめたものであった。死刑選択率はVISあり条件でVISなし条件より高くなっていた。この研究では犯罪態様の悪質性もシナリオ上で操作されたが，その効果はみられなかった。

同様に，強盗殺人事件を題材としたシナリオ実験（Blumenthal, 2009）では，まずstudy 1において，ロースクールの学生に提示する内容を操作した上，死刑選択率への影響を検討した。提示内容は，①事件概要，②事件概要＋VIS，③事件概要＋VIS＋専門家による“感情予測”についての証言[5]のうちいずれかであった。VISを提出したのは遺族（殺害された男性の父親と婚約者）であり，被害者の死が彼らに及ぼした，そして将来にわたって及ぼすであろうダメージがそこに記された。その結果，死刑選択率は②の事件概要＋VIS条件でもっとも高くなることが見いだされた。study 2では，ロースクールの学生に加えて，大学生，陪審員資格のあるアメリカ・ニューヨーク州市民を対象に同様の検討が行われた。参加者が大学生である場合，①事件概要条件と②事件概要＋VIS条件の死刑選択率に差はみられなかったが，市民とロースクールの学生では，①事件概要条件より②事件概要＋VIS条件において死刑選択率が高くなっていた。

パターノスターら（Paternoster & Deise, 2011）は，アメリカ・中部大西洋岸諸州に住む陪審員資格者を対象に，実際の裁判映像（死刑に相当する殺人事件で，被告人の有罪は確定している）をみせた上，量刑判断を求めた。裁判映像は，被害者関連情報――被害者の優れた資質や，その死が遺族に与えたダメージ，被告人の刑罰に対する遺族の意見について，遺族（被害者の姉ないし妹）が述べている20分の映像――を提示する条件と，提示しない条件の2種類

5　将来的な感情状態を人々が誤って予測する傾向について専門家が証言した。この証言はVISによる死刑選択の促進効果を抑制すると予測された。

が用意された。その結果，被害者関連情報あり条件の映像を視聴した人の死刑選択率は高く，また被害者に対する共感・同情などのポジティブ感情がこれらを媒介していることが確認された。

VIS と他の変数との交互作用効果も報告されている。フォスターリーら（FosterLee, Fox, FosterLee, & Ho, 2004）は，オーストラリア・クイーンズランド州の市民を対象にシナリオ実験（実際に発生した殺人事件を題材としている）を行い，VIS の有無が量刑判断に与える影響を検証した。その際，被告人と被害者，および実験参加者である市民の性別による効果もあわせて検討した。VIS は，亡くなった被害者の遺族（母親）が受けている喪失感や苦痛の記述を含むものであった。その結果，VIS と被告人の性別との交互作用がみられ，被告人が女性であるときに限り，量刑は VIS なし条件より VIS あり条件で重くなっていた。ただし，被告人が女性であるときの VIS あり条件におけるこの量刑は，被告人が男性であるときの 2 条件（VIS なし／ VIS あり）における量刑とは有意差がなかったことから，上記の結果は，「被告人が女性であるとき，VIS は刑罰促進効果をもつ」というよりも，「被告人が女性であり，かつ VIS がないときの量刑は突出して軽くなる」と解釈されるべきであろう。なおこの研究では，恐怖や怒りなど，参加者に生起した感情の媒介効果も検討されたが，生起した感情は量刑判断に影響しておらず，したがって媒介効果はみられなかったことが報告されている。

バトラー（Butler, 2008）は，VIS の促進効果が，死刑制度に対する個人の態度によって異なると予測し，これを検証するため，アメリカ・フロリダ州の陪審員候補者を対象にシナリオ実験（強盗殺人事件）を行った。VIS の内容は，遺族と被害者の友人の受けた心理的影響や，被害者の人柄を含むものであった。その結果，死刑選択率に対し，死刑事件適格性[6]の主効果と，死刑事件適格性と VIS の交互作用効果がみられ，VIS あり条件において，死刑事件適格者はより死刑を選択することが確認された。VIS の主効果はみられなかった。

6　死刑制度に否定的な態度を有して**いない**ことを意味する。死刑制度に反対だという理由から死刑相当事件において無罪を選択する陪審員は，この適格性がないとみなされる。

被害者関連情報の有無が，評議前後の個人の判断と評議によるグループの判断に及ぼす効果も検討されている（Myers & Arbuthnot, 1999）。ここでは，大学生を対象に，被告人が罪状を否認している強姦殺人事件が題材として用いられた。手続きとしては，まず被害者関連情報――遺族（殺害された女性の幼い息子）が受けたさまざまな心理的影響に関する女性の母親と心理学者の証言――の有無を操作した模擬裁判映像を参加者に提示し，個人の法的判断（有罪・無罪と量刑）を求めた（評議前の個人の判断）。その後，6名から11名のグループで評議してもらい，一定時間内で合意が形成され，かつ被告人を有罪と決定したグループに対しては，さらに加重・軽減事由[7]に関する映像を提示し，量刑を評議するよう求めた（評議による判断）。最後に再び個人の判断を求めた（評議後の個人の判断）。結果を要約すると，被害者関連情報は，評議前の個人の判断と評議の決定には影響しないこと，評議後の個人の有罪判断と量刑判断に対しては相反する効果を有しており，有罪判断は減らす一方で量刑を重くすることが確認された。マイヤーズら（Myers & Arbuthnot, 1999）はこの結果について，被告人を有罪と判断した少数者が，評議を経て自身の判断への確信度を強めた結果，より重い量刑を下したのではないか，つまり少数が先鋭化したのではないかと考察している。

■ コラム3：マイヤーズら（Myers & Arbuthnot, 1999）の研究の詳細

この実験では，評議前の個人の有罪判断において被害者関連情報の効果はみられず，むしろ情報あり条件の方が有罪率は低くなっていた。評議前の個人の量刑判断においても被害者関連情報の効果はみられなかった。さらに，評議による有罪判断についても被害者関連情報の効果はなく，評議前の個人の判断と同じく，情報あり条件の方がむしろ有罪率は低くなっていた。なお，合計48グループによる評決の内訳は，無罪39，有罪4，合意不成立5となっており，有罪と判断したグループ数が少なかったことから，評議による判断では，量刑判断に対する被害者関連情報の効果は検証されていない。評議後の個人の有罪判断と量刑判断については，前掲の通り被害者関連情報による相反した効果が確認されている。

7　量刑を判断する上で考慮する要因のことをさす。

被害者関連情報の有無とその内容による量刑判断への効果を検討したヒルズら（Hills & Thomson, 1999）は，オーストラリア・西オーストラリア州住民を対象にシナリオ実験を行った。ここでは，罪種（強姦／強盗）と被害者の受けた被害の深刻さが操作された。被害の深刻さは，強盗事件の場合「精神的に苦しみ，仕事にも復帰できていない」，強姦事件の場合「婚約を解消し仕事も辞めた」という深刻条件と，それぞれ「精神的なショックからは立ち直り，仕事にも復帰した」，「婚約者と結婚し，仕事も続けている」という中程度条件，および被害者関連情報なしの 3 条件が設定され，従属変数として量刑判断が測定された。その結果，量刑判断に対して罪種と被害の深刻さそれぞれの主効果がみられ，深刻条件では中程度条件より，また強姦事件では強盗事件より重い量刑判断が下された。しかしながら，被害者関連情報なし条件と，深刻条件および中程度条件との間には有意差がみられず，したがって，量刑判断は罪種と被害の深刻さによる影響は受けるものの，被害者関連情報の有無による影響は受けないものと結論づけられる。

被害による影響の深刻さが量刑に及ぼす効果は，マイヤーズら（Myers, Lynn, & Arbuthnot, 2002）が行った研究でも検証されている。ここでは，殺人事件の遺族による証言内容と証言時の態度が，有罪判断や量刑判断にもたらす影響が検討された。マイヤーズらは大学生に事実審理についての裁判映像を示し，被告人に対する有罪・無罪の判断を求めた。次に，量刑審理の映像を示した後，今度は量刑判断を求めた。この際，量刑審理の映像の中で，被害者関連情報の有無とその内容（情報なし／被害・中程度／被害・深刻），被害者の態度（低感情的／高感情的）が操作された。分析では，被告人を有罪と判断した参加者による量刑判断が用いられた。その結果，被害者関連情報の主効果がみられ，情報あり（深刻）条件の量刑判断が，他の 2 条件より重くなっていることが確認された。いい換えると，被害者関連情報なし条件を基準とした場合，被害者関連情報あり（深刻）条件ではより重い量刑が下されたが，被害者関連情報あり（中程度）条件との間には量刑の差がみられなかったということである。また証言時の被害者の態度の主効果は確認されなかった。この研究では，実験中に生起したネガティブ感情の媒介効果も検討されており，被害の程度が深刻になるほど，また遺族が感情的な態度を示すほど参加者のネガティブ感情は増大したが，これらは量刑判断に対して効果を有しておらず，したがって感情の媒介効果は確認されなかった。

マクゴワンら（McGowan & Myers , 2004）は，アメリカ・ロサンゼルス州の住民を対象に以下のシナリオ実験を行った。事件は，被告人が自分を解雇した会社に爆弾を仕掛け，死傷者をもたらしたという架空の事案である。シナリオ上でVISの有無と発言者を操作し（VISなし／遺族（被害者の妻）によるVISあり／亡くなった被害者の同僚によるVISあり／現場にかけつけた消防士によるVISあり），死刑選択率に及ぼす効果が検討された。VISの内容は，被害者の遺体を発見したときの気持ちを述べたものであった。その結果，死刑選択率は被害者の同僚によるVISがあった条件でもっとも高くなり，これ以外の3条件との間に有意差が確認された。VISなし条件と，遺族（妻）によるVIS条件，消防士によるVIS条件との間に有意差はみられなかった。マクゴワンらはこの結果を次のように解釈している。すなわち，爆弾事件はとくに残忍な犯罪行為であるため，VISの内容――被害者を遺体で発見したときの妻や消防士[8]の感情――を実験参加者はある程度予期しており，そのためこれら2条件ではVISの効果が生じなかった一方で，被害者の同僚は参加者にとって予期せぬ登場人物であったため，その効果が生じたのだという。

予測に反して，VISが軽い量刑判断をもたらすという結果も報告されている。マイヤーズら（Myers, Godwin, Latter, & Winstanley, 2004）は，アメリカ・カリフォルニア州の陪審員資格をもつ住民に，すでに被告人の有罪が確定している殺人事件を題材とした以下のシナリオを示し，量刑判断を求めた。シナリオでは遺族（殺害された被害者の幼い息子と母親）が受けた苦痛を母親が述べるかどうかと，追加情報が操作された（被害者関連情報なし／被害者関連情報あり／被害者関連情報＋被害者の優れた人柄に関する証言あり／被害者関連情報＋被告人の劣った人柄に関する証言あり／被害者関連情報＋被害者・被告人それぞれの人柄に関する証言あり）。その結果，死刑選択率は被害者関連情報なし条件においてもっとも高くなっていた。なお，死刑事件適格性のある

8　この実験は，2001年9月にアメリカで発生した同時多発テロ事件の半年後に行われており，そのため救助にあたった消防士がどのような体験をしたのかについて，人々の記憶は鮮明であったはずだとマクゴワンら（McGowan & Myers, 2004）は述べている。

表3．VIS・被害者関連情報の有無と量刑判断に関する先行研究の結果

予測を支持・一部支持	予測不支持
〈自然実験〉 該当なし	〈自然実験〉 ○ Walsh（1986） 被告人の処遇に効果なし ○ Erez & Tontodonato（1990） 自由刑の選択率や量刑年数に効果なし ○ Erez & Roeger（1995）study 1 自由刑の選択率などに効果なし 量刑判断への効果は不明 ○ Erez & Roeger（1995）study 2 自由刑の選択率や量刑判断に効果なし
〈シナリオ実験〉 ○ Luginbuhl & Burkhead（1995） 死刑選択率に効果あり ○ Blumenthal（2009）study 1 死刑選択率に効果あり（ロースクール生） ○ Blumenthal（2009）study 2 死刑選択率に効果あり（ロースクール生・市民） ○ Paternoster & Deise（2011） 死刑選択率に効果あり ○ FosterLee et al.（2004） 量刑判断に効果あり（被告人が女性のとき） ○ Myers & Arbuthnot（1999） 評議後の個人の量刑判断に効果あり ○ Myers et al.（2002） 量刑は被害者関連情報あり（深刻）条件が情報なし条件より重い ○ McGowan & Myers（2004） 死刑選択率は，VIS あり（同僚）条件が VIS なし条件より高い	〈シナリオ実験〉 ○ Blumenthal（2009）study 2 死刑選択率に効果なし（大学生） ○ FosterLee et al.（2004） 量刑判断に効果なし（被告人が男性のとき） ○ Butler（2008） 死刑選択率に効果なし ○ Myers & Arbuthnot（1999） ・評議前の個人の有罪・量刑判断に効果なし ・評議の有罪判断に効果なし ※評議の量刑判断については分析不能 ・評議後の個人の有罪判断に予測と逆の効果あり ○ Hills & Thomson（1999） 量刑判断に効果なし ○ Myers et al.（2002） 量刑は被害者関連情報あり（中程度）条件と情報なし条件で変わらない ○ McGowan & Myers（2004） 死刑選択率は，VIS あり（妻）条件，VIS あり（消防士）条件，VIS なし条件において変わらない ○ Myers et al.（2004） 死刑選択率は，VIS なし条件が VIS あり条件より高い ○ Nadler & Rose（2003） ・量刑は VIS あり（深刻）条件と VIS なし条件で変わらない ・量刑は VIS なし条件が VIS あり（中程度）条件より重い

参加者に限定して再分析した場合，死刑選択率における上記条件間の有意差は消えたことが付記されている。

ナドラーら（Nadler & Rose, 2003）は，マイヤーズら（Myers et al., 2002）と同じ内容をシナリオ実験で検証した。シナリオ上，罪種（住宅侵入盗／強盗）とVISの有無・その内容（VISなし／精神的に中程度の被害／精神的に深刻な被害）を操作し，罪種別に分散分析を行ってVISの量刑判断に及ぼす効果を検討したところ，VISの効果が確認された[9]。住宅侵入盗では，VISあり（深刻）条件が4.4年，VISなし条件が4.2年，VISあり（中程度）条件が2.7年，強盗では，VISあり（深刻）条件が4.8年，VISなし条件が4.3年，VISあり（中程度）条件が3.1年となった。いずれの罪種においても，VISなし条件とVISあり（深刻）条件との間に有意差は確認されず，またVISあり（中程度）条件ではVISなし条件より軽い量刑判断が行われていた。

ここまでに挙げた研究の概要を表3に要約した。

1.4.3. 先行研究の限界と新しい視点

ここまでみてきたように，VISや被害者関連情報の有無，その内容や発言者種別といった要因が模擬裁判シナリオ・映像の中で操作され，大学生や市民による有罪・無罪の判断や量刑判断に及ぼす影響が検討されてきた。また実際の裁判記録を用いた自然実験も，少数ではあるが行われている。

これらの研究において検討されてきたのは，被害者の発言を見聞きしたことにより，一般の人々における被告人への制裁動機や被害者に対する同情が高まり，被告人はより重い刑罰を科されることになる，という仮説である（Myers & Greene, 2004）。いい換えると，被害者の裁判参加が人々の感情を媒介して量刑をより重くする，という刑罰促進効果が検討されてきた。しかしながら前掲の通り，その結果は必ずしも一貫していない。

先行研究をレビューしたサレルノら（Salerno & Bottoms, 2009）は，引き出し効果，つまり予測が支持されなかった研究は刊行されず埋もれやすいとい

9　この研究では多重比較の結果が示されていないため，報告されている量刑年数の平均値と，個別に行われている t 検定の結果にもとづいて記述した。

う実態があることもふまえて総合的に考慮すべきだとしつつ，とくに重大事件でのVISは，被告人に対する人々の怒りを喚起するというフォスターリーら（FosterLee et al., 2004）の結果を引いて，VISは厳しい刑罰をもたらすとの予測には一定の妥当性があると結論づけている[10]。もしこうした予測が――サレルノら（Salerno & Bottoms, 2009）や前記の研究者たちが考えるように――妥当性をもつのであれば，これを支持する結果が必ずしも得られていないのはなぜなのだろうか。

先行研究がもっぱら注目してきたのは，提示された刺激から影響を受けるだけの，ひたすら受動的な判断者としての側面であった。ここでは，個人の信念や価値観など，人々の能動的な判断側面はほとんど考慮されていない。実際，前掲した先行研究のうち，個人があらかじめ有している価値観の効果を考慮しているのは，死刑事件適格性とVISの交互作用を検討したバトラー（Butler, 2008）のみであった。確かに人間は，外部刺激によって喚起された強い感情に大きく揺さぶられる存在であるが，それと同時に，内在化している信念や価値観に沿ってこうした力に抗い，「あるべき状態」に近づこうと自己制御する存在でもある（e.g., Abrams, Viki, Masser, & Bohner, 2003；Buddie & Miller, 2002；Feild, 1978a, 1978b；Frese, Moya, & Megias, 2004；Jenkins & Dambrot, 1987；Kopper, 1996）。先行研究が一貫した結果を得られていないのは，「バイアス」の検出をめざすあまり，その過程でこうした人間の意志的・主体的な側面を度外視してきたためではないだろうか。少なくとも，法的判断者としての市民像が，これまでさまざまな角度から包括的に検討されてきたとはいえないだろう。

それでは，一体どのような信念や価値観に着目すれば，法的判断者としての市民のこれまでとは別の側面に光をあてることができるだろうか。本書では，次章で詳述するように，人々が裁判や司法に対して抱いている「"理性的"であるべき」という信念に着目し，この信念が人々の法的判断に及ぼす抑制的な影響を検討する。

10　ただし，前掲の通りフォスターリーら（FosterLee et al., 2004）では，喚起された感情が量刑判断に与える効果は確認されていない。

2 市民をめぐる議論の陥穽

2.1. 人々は司法をどう捉えているのか

ここまで検討してきた内容は，状況（裁判），提示刺激（被害者），判断主体（市民）という3つの要因に分けて考えることができる。本章では以下，裁判・被害者・市民に対して私たちが抱いている信念や価値観をとりあげて，それぞれの内容を検討していきたい。

2.1.1. 裁判をめぐる人々の信念

刑事裁判，あるいはそれを包括する司法について，私たちはある強固なイメージをもっている。それは，最高裁判所（2000）が法制審に提出した意見書の一文——裁判は，多数の者の利害や感情によって左右されるべきではなく，論理と証拠にもとづく理性的で合理的な判断を下さなければならない（傍点は筆者による）——に集約されている。

こうした認識は，国内外を問わず普遍的なものといっていいだろう。ブルメンタール（Blumenthal, 2005）は，論理的・合理的な判断を感情が妨げることがあってはならない，という考え方は司法の共通認識だと述べているし，ヌスバウム（Nussbaum, 2004 河野訳 2010）も同様に，法専門家はしばしば「裁判」と「感情」を二項対立的に捉えがちであると指摘している。バンデス（Bandes, 1999）はより直接的に，司法制度は長年，裁判における感情の役割を（その影響は避けられないにもかかわらず）否認してきたと述べている。こうした態度は，司法制度が感情ではなく純粋な理性に依拠している，という伝統的な「物語」に由来している（Bandes, 1999）。サレルノら（Salerno & Bottoms, 2009）によれば，司法制度が理性の極致であるかのようにみなされる背景には，理性が感情とは異なる心的プロセスだという信念[11]が関与しており，このことは，陪審に対してしばしばなされる，「同情や感情に影響されないでください」，「証拠を冷静に評価してください」という裁判官の説示に表れているという。

こうした認識は，ひろく社会にみられる普遍的な司法観ともつながっている。つまり，法的判断は感情ではなく理性に依拠してなされるべき，という考え方は，一般社会でもある種の共通認識となっている（Nussbaum, 2004 河野訳 2010）。さらに裁判をめぐる信念は，前章でとりあげた先行研究にも色濃く反映されている。そこでは感情は「不適切な侵入者」とみなされ（Wiener, Bornstein, & Voss, 2006），VIS などの感情的要素を判断過程に取り入れることは，法的判断上の合理性を損なうものと理解されている（Myers & Greene, 2004）。このテーマの先行研究をレビューしたサレルノら（Salerno & Bottoms, 2009）は，バイアスに満ちた感情ではなく，認知的労力を要する証拠の評価によって下された判断こそがこれらの研究で理想視されていることを指摘する。

「理性」と「感情」を対立軸として捉え，前者を司法や裁判の特質とみなす傾向は，日本では別の要因によってさらに強化されていく。それは，安定性や公平さといった価値を他の何にもまして重視する狭義の平等主義的社会観であり，その傾向は司法においていっそう顕著であるという（フット，2006 溜箭訳 2006）。そこでは似たような事件には同じような判断を下すことが重視され，誰が裁くかによって過程および結果が変わることがあれば，それは司法への信頼を損なう危うい出来事とみなされる[12]。

このように考えると，「感情的」であることを厭い，「理性的」であることに重きを置く司法観や裁判信念は，わが国の場合，安定性や公平性を尊ぶ社会的素地によって強化され，いっそう強く人々の判断を規定している可能性がある。

11　神経学者・心理学者であるダマシオ（Damasio, 1994 田中訳 2013）は，外傷によって情動不全が起きると認知的機能も不完全になることを複数の症例から明らかにし，「理性」と「感情」あるいは「情動」を対立的に捉える従来の理解には限界があることを指摘している。

12　フットはこれを端的に，「統一性・安定性を重視する日本の名もなく顔もない司法」と呼んでいる（フット，2007 溜箭 2007；p. 119）。

2.1.2. 被害者・市民ステレオタイプ

被害者ステレオタイプ　ここまで述べてきたように，裁判は「理性」がとりわけ重視される場であるが，被害者というのは，そうした場に「感情」をもち込む存在だとみなされている。被害者参加制度が導入される以前，法専門家やマスメディアがこの制度に対して否定的であった背景には，「感情的」という被害者ステレオタイプが関わっていたとの指摘がある（椎橋，2007，2008）。このステレオタイプは，被告人に対して強い応報的感情を抱き，法廷でもその気持ちをぶつけるといった，被害者に対する硬直的なイメージを表わしており，前記した司法関係者やマスメディアの論評（「裁判員は，被害者参加人の感情的な発言や態度にひきずられる可能性がある」，「被害者の感情的な発言を前にして，裁判員は冷静な判断を下すことができるのか」）にも，こうしたステレオタイプを見いだすことができる。

被害者や遺族は，ある日突然大切なもの，かけがえのない家族の生命を奪われた人々であり，社会が共感と配慮をもって支えることを何より必要としている存在である。刑事裁判に関与したいという要望もまた，前章でみてきたように，事件の当事者として抱くごく当然の願いだといえるだろう。それにもかかわらず，被害者や遺族が司法や裁判といった文脈の中で語られる際には，否定的な意味を帯びた「感情的」なイメージを与えられがちであるようだ。

■ コラム 4：遺族が裁判で気をつけていること

被害者参加制度を利用した遺族に対する調査（白岩ら，2018）によれば，参加したとき留意したこととしてもっとも多く挙げられたのが，「感情的にならないようにした」との回答であった。たとえば，「加害者をののしるような表現は使わないようにした」，「被告人を罵倒するのではなく，司法関係者に遺族の気持ちや希望を正しく理解してもらうことに重点を置くよう努力しました」といったコメントが多くみられた。被害者の無念を本人に代わって被告人や裁判官に伝えたい，との願いを抱いて裁判参加する遺族の中には，怒りや悲しみの表出がそうした目的の妨げになるという冷静な思考が働いていることがみてとれる。

市民ステレオタイプ　前掲した司法関係者やマスメディアの論評からは，裁判員を務める一般の人々もまた，ある種の固定的なイメージを付与されていることが読み取れる。それは，被害者の言動に触れて「冷静さ」や「理性」を失い，判断が影響されやすいという被影響性のステレオタイプである。

1.3「法的判断者としての市民をめぐる議論」で示した，被害者参加制度に対する否定的な意見の多くが，裁判員制度もあわせて適用されることをふまえ，市民の判断が被害者の言動によって影響されることを前提としている（e.g., 日本弁護士連合会，2007）。法制審では，市民の司法参加そのものに反対する委員が過半数を占めていた（丸田，2009）ことからも，市民は「感情的」な要因に影響されやすい存在として理解されやすく，そうしたステレオタイプが裁判員制度への賛否に関わっていることがうかがわれる。

「理性」に対し，「感情」は明らかに否定的に受けとめられている。アイゼンバーグ（Eisenberg, 2000）によれば，感情は本質的に，極端に偏向した個人的な視点の表れであり，個人の評価や認知を偏らせ，また合理的・道徳的な思考を妨げる要素とみなされている。北村（2010）も同様に，これまでの心理学研究において感情は非合理性の象徴のように扱われてきたと述べ，――現実には，あらゆる刺激に感情価が含まれているため感情と独立した認知は成り立たないにもかかわらず――感情システムと認知システムを対立的に理解する枠組みが優勢であったと指摘している。ヌスバウム（Nussbaum, 2004 河野訳 2010）は，法律の策定において感情に配慮することが不適切とみなされる理由として，感情と理性が対立的に捉えられ，感情が「本能的で非合理的」と理解されているためだと述べている。

2.1.3. 信念やステレオタイプがもたらすもの

以上に述べてきた，司法，被害者，市民をめぐる信念やイメージを総合すると，次のような仮説が導きだされるだろう。証拠を「理性的」に判断するべき刑事裁判に，「感情的」な要素をもち込む被害者が関わることで，市民の判断は大きく影響を受け，とくに「理性」が疎外され「感情」が優勢になる，と。これは，マスメディアや司法実務家，研究者らが，市民と被害者の司法参加に反対する理由として挙げてきた内容そのものである。

ここで強調しておかなければならないのは，司法，被害者，市民をめぐる信念やイメージが，専門家やメディア関係者だけではなく，ひろく社会的に共有された認識だということである。「市民の判断は被害者に影響される」という先の仮説を言明しているのはマスメディアや専門家らであるとしても，上記の信念やイメージを共有している人ならば誰でも同様の予測に至るだろう。この仮説はそれ自体ひろく共有された社会的予測ということになる。そして，この予測は明らかに否定的な意味合いと，そこから自己を切り離す視点を含んでいる。つまり，「市民の判断は被害者に影響される」と人々が口にするとき，そこでは言外に「自分は影響されない」ことが含意されているのである。

このように「冷ややか」な予測を抱いた人々が裁判員を務める場合，被害者の発言——彼らにとってそれは「影響されてはならない」ものである——に対しては当然，それに心を動かされまいとするだろう。人々の中にこうした自己抑制的な心的過程があると仮定し，これをもたらしている要因と，これによってもたらされる帰結を明らかにしていこうというのが本書の目的である。

次節では，その途上で本書が援用する既存の心理学理論を参照する。結論を先取りすると，この理論が扱っているのは，不適切に見える情報が自己に及ぼす影響力は否認しながら，他者に及ぼしうる影響力は肯定するという（きわめて多くの人に見いだされる）認知バイアスである。

2.2. 第三者効果はなぜ生じるのか

人々には，自分より他者の方が社会的影響を受けやすい，あるいは，自分は他者より社会的影響を受けにくい，と認識する傾向が根強くある（Pronin, Berger, & Molouki, 2007；Pronin, Gilovich, & Ross, 2004)。このような現象は，「社会的影響に関する非対称な認知（asymmetric perceptions)」あるいは「第三者効果（third-person effect)」として知られている（Davison, 1983)[13]。

具体的には，自己および他者に対して特定の情報がどの程度インパクトを与えると思うかを尋ね，自己へのインパクト認知が相対的に小さくなるとき，そこでは第三者効果が生起しているという。先行研究では，「他者」と「自己」のどちらを先に尋ねても（Davison, 1983；Gunther, 1995；Gunther & Hwa,

13　本書ではこれ以降「第三者効果」と総称する。

1995；Price & Tewksbury, 1996；Price, Tewksbury, & Huang, 1998），また参加者内要因・参加者間要因の別を問わず——つまり「他者」と「自己」について同じ人にくり返し質問しても，それぞれ別の人に質問しても——（Price & Tewksbury, 1996；Price, Tewksbury, & Huang, 1998）第三者効果は生起することが確認されている。

この理論は主としてマスメディア研究の領域で検討され，そこでは生起要因やその後の個人の行動に与える影響について，次のような内容が明らかにされてきた。

2.2.1. 自己インパクト否認

第三者効果は上記のように，「自己インパクトの否認」あるいは「他者インパクトの肯定」から成り立っている。関連研究をレビューしたパーロフ（Perloff, 1993, 1999）は，自己インパクトが否認される要因として，「不適切な情報に影響されないという自己像を維持したい」といった動機の側面と，「自己の本当の内面にはアクセスできない」といった認知の側面があると指摘する[14]。このうち，ごく一部（Pronin et al., 2007）[15]を除いたほぼすべての先行研究は，もっぱら動機の観点から自己インパクト否認の規定因を検討してきた。

本書でもこの先は，認知的側面ではなく動機的側面から第三者効果，とくに自己インパクト否認が生起するプロセスに着目し，関連する先行研究を検討していきたい。

14　プローニンら（Pronin et al., 2004, 2007）も同様のことを述べている。すなわち，人は自らが影響される心的過程にはアクセスできないが，それにもかかわらず「自分のことは自分がよく分かっている」との内観幻想を抱くため，自己認知と実際の行動はかい離するのだという。

15　プローニンら（Pronin et al., 2007）は大学生を対象とする一連の実験の中で，たとえば若者に普及している最新の電子機器を挙げ，「同じ大学の他の学生と比べて，自分の購買行動が社会的影響を受けている程度」を尋ねたところ，自己への社会的影響は相対的に否認されることを明らかにした。購買行動において社会的影響を受けることの望ましさが事前に操作されていたが，いずれの条件でも，つまり動機にかかわらず第三者効果は生起した（study 2）。投票行動について同様の結果を得たstudy 4では，投票先を選ぶ際に自身の「行動」と「思考」のどちらに注目したかを尋ねたところ，行動より思考に注目したとの回答が多くなっていた。以上の結果から，社会的影響を受けることが望ましくないせいで自己インパクトが否認される，という動機面での解釈だけでは，第三者効果の生起理由を十分説明できないこと，個人が自分の被影響性を自覚し損ねているという認知的な理由もまた第三者効果に関わっていることが示唆された。

■ コラム５：第三者効果の規定因として動機に注目する理由

本書では，自己インパクト認知と実際の行動（量刑判断）がある程度連動することを想定している。これに対してプローニンら（Pronin et al., 2007）の議論では，自己インパクト認知と行動にかい離があること，つまり「行動は社会的影響を避けがたく受けるが，本人はそのことを自覚できない」ことをひとつの争点としている。そのため，認知に着目することは本書が想定する心的過程を検討する上では有用といえない[16]。本書の目的は，「"理性的"な裁判員でありたい」という個人の動機が自己抑制的な量刑判断をもたらすプロセスを明らかにすることであり，動機に着目することはそうした論旨にかなうものといえる。

情報の社会的望ましさ　提示される情報の社会的望ましさが自己インパクト認知に関わっていると考えられている。ホワイト（White, 1997）はシナリオ実験の中で，大学生に授業料の値上げを支持するメッセージを提示して，主張の論理性を操作した上で（論理的／非論理的），メッセージが自己および他者に与えたインパクトについて尋ねた。第三者効果――つまり他者インパクト認知が自己インパクト認知を上回ること――が生起したのは非論理的なメッセージのみであり，論理的なメッセージの場合，それによる自己インパクトはむしろ肯定される結果となった。

ガンサー（Gunther, 1991）は，アメリカ・ミネソタ大学の学生に中傷的な記事を示し，記事の信頼性を操作した上で（高信頼＝『ニューヨークタイムズ』／低信頼＝タブロイド紙），記事が自己・他者に与えたインパクトの回答を求めた。その結果，自己インパクトは高信頼条件より低信頼条件で否認されることが明らかになった。以上の結果が示しているのは，質の高いメッセージが自己に与えるインパクトは肯定される反面，質の低いメッセージによる影響は否認されることであり，このことから，自己インパクト認知は提示される情報の質に依存するものと考えられる。

16　もちろん，自己インパクト認知と実際の行動（法的判断）とのかい離，すなわち「本人は自覚していないが法的判断を下す際には社会的影響を受けている」という現象は別途興味深い主題といえる。実際，遺影などの被害者関連情報が有罪判定に及ぼす効果を，実験参加者本人がどこまで自覚しているか検討した研究もある（仲, 2009）。

影響されることが望ましいとみなされる場合，自己インパクトは肯定されるという結果も報告されている。ガンサーら（Gunther & Mundy, 1993）はシナリオ実験の中で提示する情報を操作した（賢明条件／非賢明条件）。賢明条件は，シートベルト着用のすすめ，高血圧の危険性に対する警告など，メッセージに影響されることが賢明とみなされる情報を，非賢明条件は，就寝中に脂肪を燃焼させるやせ薬の記事，髪を強くするためのプロテイン・ローションの説明など，影響されることが賢明でないとみなされる情報を含むものであった。非賢明条件におけるすべての情報について，他者インパクト認知が自己インパクト認知を上回る第三者効果が確認されたのに対し，賢明条件のうち上に挙げた２つの情報については，いずれも自己インパクトのほうが肯定される結果となった。

ガンサーら（Gunther & Thorson, 1992）はさらに，提示する情報を操作して（製品広告／公共サービス），条件ごとの第三者効果の生起状況を確認した。その結果明らかになったのは，製品広告条件では自己インパクトが相対的に否認される一方，公共サービス条件では第三者効果が生起しないこと，つまり自己インパクトが否認されないことであった。商業広告に影響されるのは賢明でないとみなされる可能性があること，反対に公共サービスを活用するのは賢明だとみなされやすいことをふまえると，この研究で操作されたのは影響されることの望ましさであったともいえるだろう。上記２つの研究はいずれも，自己インパクトが否認されるのは，提示された情報に影響されるのが（少なくとも主観的に）望ましくない場合であることを示している。

事前の態度との一致　提示された情報と，個人があらかじめ有している態度とが一致しない場合，第三者効果は大きいものとなる。プライスら（Price et al., 1998）は，「第二次世界大戦中ナチスがユダヤ人に行った残虐行為は誇張されている」という主張広告[17]を大学生に提示した。この広告による自己・他者インパクト認知のかい離は，ユダヤ教徒の学生ほど大きくなったが，他者インパクト認知は変化しておらず，信教による差がみられたのは自己インパクト認知のほうであった。つまり，ユダヤ教徒の学生はそうでない学生より，広

17　このような広告は実際，1990年代初め頃，多くの大学新聞に掲載されていたという。

告がもたらす自己インパクトを否認していたわけである（study 1 ）。

ドリスコールら（Driscoll & Salwen, 1997）は，1990年代にアメリカで起きたO・J・シンプソン事件[18]に関連して，見聞きした報道内容（シンプソンが罪を犯したとする報道／彼は無実であるとする報道）と人々の事前の信念（シンプソンが罪を犯した／彼は無実である）を尋ねるため全米電話調査を行った。その結果，シンプソンを犯人だと信じている人が彼は無実だと伝える報道に接したとき（不一致条件），彼は罪を犯したと伝える報道に接したときより（一致条件），自己・他者インパクト認知のかい離は大きいものとなっていた。

以上の結果が示しているのは，個人の態度と提示された情報が一致しないとき，自己・他者インパクト認知のギャップは相対的に大きくなること，それは主として自己インパクトの否認に起因していることである。人は概して，自己の態度や信念と一致する情報を好意的に評価することをふまえると（e.g., 高林・沼崎，2010），これらの結果もまた，「望ましい情報による自己インパクトは肯定され，望ましくない情報による自己インパクトは否認される」という前掲の知見に集約させることができるだろう。

self-serving（自己奉仕的）な動機　ここまでに挙げた結果が示しているのは，要するに，望ましい情報に影響されるのは構わないが，不適切な情報には影響されたくない，という動機が私たちの中に存在することである。このことは，自分が望ましくない情報に影響されるのを否定する self-serving（自己奉仕的）な動機が，第三者効果の生起プロセス，とりわけ自己インパクト否認に関わっていることを示している。

プローニンら（Pronin et al., 2007）は第三者効果の一因として，自身の望ましくない特性を否認したいという動機の働きを挙げている。私たちは自己高揚動機にもとづいて自身のネガティブな特性を否認するが，他者についてはそうした動機が働かない。そのため，望ましくない情報による他者と自己へのインパクトを尋ねられると，相対的に自己インパクトを否認することになるのだと

18　フットボールの有名選手であったシンプソンは，元妻とその知人を殺害した容疑で起訴されたが，ドリームチームと称される弁護団の力や，捜査手続きの不備によって無罪判決を得た。その後，民事裁判では一転して殺人が認定された。事件と裁判は全米の注目を集め報道が過熱したため，刑事裁判の陪審員は隔離されてすべての報道から遮断される事態となった。

いう。パーロフ（Perloff, 1993, 1999）も同様に，不適切な情報に影響されない自己像を保持すること，つまりself-serving（自己奉仕的）な動機が第三者効果の一因だと考察している。前掲した結果――他者・自己インパクト認知のかい離は，望ましくない情報，影響されることが賢明でないと思われる情報について生起し，大きくなる――はこれらの考察を裏づけているといえるだろう。

■ コラム６：第三者効果とよく似た認知バイアス

自己高揚動機が伴う類似の認知バイアスとしては，非現実的な楽観主義（unrealistic optimism；Weinstein, 1980）や平均点以上効果（better-than-average effect；Dunning, Meyerowitz, & Holzberg, 1989）が挙げられる（Perloff, 1999；Pronin et al., 2004）。非現実的な楽観主義とは，将来的に自分は他者よりポジティブな出来事を多く経験し，ネガティブな出来事を少なく経験するだろう，という根拠のない楽天的な将来予測の傾向をさす。また平均点以上効果は，所属集団における自己の能力の相対的な地位を尋ねると，理論的な平均値――たとえば大学生に「あなたの学力はこの大学の上位何%に入ると思いますか」と尋ねたとき，それらの値の平均は理論上50%となるべきである――を概ね上回る現象をさしている。これらは自分の将来の見通しや能力をポジティブに評価する認知バイアスであり，自尊心やself-serving（自己奉仕的）な動機がその生起プロセスに関わっていると考えられている（e.g., 工藤，2004；藤島，2004）。第三者効果もまた，その生起プロセスにself-serving（自己奉仕的）な動機が関わっている点で，これらのバイアスと通底しているといえるだろう。

2.2.2. 他者インパクト肯定

本項では，第三者効果を構成するもうひとつの要素である他者インパクト肯定をとりあげ，これを規定する要因を整理する。前項の「自己インパクト否認」では，個人のself-serving（自己奉仕的）な動機に焦点をあてた先行研究を概観したが，これからみていく他者インパクト肯定に関する研究でも，主として動機に依拠した説明が行われている。

社会的距離　「他者」との社会的距離は他者インパクトの肯定をもたらす。この予測を検討するためコーエンら（Cohen, Mutz, Price, & Gunther, 1988）は，アメリカ・スタンフォード大学の学生に中傷的な新聞記事を提示し，第三者効果を測定する際，他者の属性を操作した（同大の学生／カリフォルニア州の住民）。その結果，他者が遠い存在であるとき，つまり他者が同じ大学の学生ではなく同州の住民であるとき，他者・自己インパクト認知のかい離は大きくなることが明らかになった。

デイヴィッドら（David & Johnson, 1998）は女子大学生を対象に実験を行い，第三者効果の測定に際して他者の属性を複数設定した（女性のクラスメート／大学にいる女性／アメリカ人女性）。その上で，社会的距離がひろがるほど他者インパクトも肯定されるという予測を検証したところ[19]，社会的距離の主効果は確かに有意であることが確認された[20]。

社会的距離と情報の質との交互作用も検討されている。ガンサー（Gunther, 1991）は，前掲の通りアメリカ・ミネソタ大学の学生に中傷的な記事を提示したが，その際，記事の信頼性（『ニューヨークタイムズ』／タブロイド紙）に加えて，他者の属性（クラスメート／同じ大学の学生／ミネソタ州の住民）を操作している。分析の結果，他者の属性の主効果が確認され，インパクト認知は記事の信頼性にかかわらず，自己，クラスメート，同じ大学の学生，ミネソタ州の住民，と順次大きくなっていくことが確認された。ここでは社会的距離と情報の質との交互作用も確認されており，自己，クラスメート，同じ大学の学生という3条件では，タブロイド紙より『ニューヨークタイムズ』によるインパクトが肯定されたが，ミネソタ州住民の場合，記事の信頼性による違いはみられなかった。

以上の結果が示しているのは，他者との社会的距離が大きくなるほど他者へのインパクトも肯定されやすいことである。しかし，これは見かけ上の効果に過ぎず，実際には他者の教育程度こそが他者インパクト認知に影響しているとの解釈も行われている。

ホワイト（White, 1997）は大学生を対象に以下のような実験を行った。ここでは，他者の属性（同じ大学の学生／同州の別の大学生／高等教育を受けていない同州の住民）と，前掲したメッセージの論理性（論理的／非論理的）が

19　分析では，他者インパクト認知そのものではなく，他者・自己インパクト認知の差の大きさが検討されている。

20　ただし，その効果は必ずしも線形ではなかった。

操作された。論理的条件と非論理的条件におけるインパクト認知の差[21]は，高等教育を受けていない同州住民では生じておらず同程度であったのに対し，自己を含む3つの大学生条件では差がみられ，いずれも論理的条件におけるインパクトが肯定されていた。つまり，高等教育を受けていない同州住民はメッセージの質を弁別できないとみなされていたのに対し，同じ大学の学生や同州の別の大学生は，自分と同じくメッセージの質を弁別できるとみなされていたわけである。

これらの結果が示唆しているのは，他者インパクトの肯定をもたらしているのが，自己と他者との社会的距離のひらきではなく，教育程度のひらきだということであろう。

教育程度・知識　個人がもっている知識量が，第三者効果，とりわけ他者インパクト認知に及ぼす効果にはじめて言及したのはデイヴィソン（Davison, 1983）であった。彼が指摘したのは，専門家ほどメディア効果を強調しがちだということ，つまり，関連する知識や情報を豊富にもっている人ほど，メディアの報じる情報が社会に及ぼすインパクトを肯定しやすいということであった。実際，この予測はある程度裏づけられている。

前掲のドリスコールら（Driscoll & Salwen, 1997）は，O・J・シンプソン事件についての個人の知識量が，第三者効果の大きさと正の相関関係にあることを明らかにしている。他者インパクト認知そのものへの知識の効果も検討されており，たとえばルチンスキーら（Rucinski & Salmon, 1990）は，ニュース，政治広告などさまざまなメッセージによる他者インパクト認知を測定し，実験参加者の教育程度が高くなるほど他者へのインパクトも肯定しがちであることを見いだした。ティエッジら（Tiedge, Silverblatt, Havice, & Rosenfeld, 1991）は電話調査を通じて，教育程度の高い人ほど他者へのインパクトを肯定し，自己へのインパクトを否認することを明らかにしている。

以上のように，個人の知識・情報量や教育程度は，他者インパクトの肯定や，場合によっては自己インパクトの否認をもたらし，第三者効果を増大させ

21　多重比較の結果が報告されていないため，以下の評定平均値から結果を類推した。論理的・非論理的条件間の差は，自己（1.1），同じ大学の学生（0.8），同州の別の大学生（0.6），高等教育を受けていない同州住民（0.3）となっていた。

ることが報告されている。では，他者が自分以上に知識や情報をもつ存在である場合，他者インパクトはどのように認知されるだろうか。パーロフ（Perloff, 1999）は，個人の知識量が他者・自己インパクト認知を左右する理由として，「自分には知識があるため不適切な情報に影響されないが，知識をもたない他者は影響されるだろう」といった認知が関わっていることを挙げている。この解釈が正しければ，他者が自分以上に知識・情報をもつ存在である場合，他者インパクトは肯定されなくなるはずである。この予測[22]は，他者が有している知識量を操作することで検討できるだろう。

2.3. 第三者効果は何をもたらすのか

第三者効果は，その後の個人の行動や行動意図に結びつくことがある。デイヴィソン（Davison, 1983）は，メディア情報について生じた第三者効果が，報道内容に対する検閲につながる可能性があると述べている。ここで想定されているのは，他者インパクトの肯定が検閲行動に及ぼす効果であり，情報が他者に及ぼすインパクトが大きく見積もられると，そうした影響を減じるための戦略的行動がとられる，ということであった。デイヴィソン（Davison, 1983）の仮説はこの後たびたび検証されている。

2.3.1. 検閲意図に対する効果

ローハスら（Rojas, Shah, & Faber, 1996）は大学生に調査を行い，メディアのインパクトについて生じた第三者効果，つまり他者・自己インパクト認知の差が大きくなるほど，メディア検閲に対する支持が増えることを見いだした。ローハスらはこの結果を，デイヴィソン（Davison, 1983）の仮説を裏づけるものとみなし，メディアによる社会的なインパクトを減らすため，人々は

22　他者の知識・情報量が他者インパクトの否認をもたらす，というここでの仮説は，前記した社会的距離に関する先行研究の結果も包括的に説明することができる。たとえば，他者が州の住民であるときより同じ大学の学生であるときに他者・自己インパクト認知の差が小さくなったのは（Cohen et al., 1988），同じ大学の学生は知識・情報をもっているとして，他者インパクトが否認されたためだと解釈することができるだろう。つまり，自己と他者の相対的な知識量・教育程度こそが他者インパクト認知を規定していると考えられる。

メディア情報の検閲を支持したのだと結論づけた。

シャーら（Shah, Faber, & Youn, 1999）はショッピングモールを行き交う人々にインタビューを行い，タバコ，リキュールやカジノの広告について生じる第三者効果が，その人の検閲意図に及ぼす効果を検討した。その結果，第三者効果が広告への検閲意図を増やすことが確認された。

以上の結果は，他者インパクト認知の効果を直接検討したものではないが，少なくとも第三者効果が情報の検閲意図を強めることを明らかにしたといえるだろう。

2.3.2. 投票行動に対する効果

ゴランら（Golan, Banning, & Lundy, 2008）は，上記の知見を投票行動で追証した。ここでは2004年のアメリカ大統領選挙で用いられた４つの政治広告が大学生に提示され，自身と「これをみた国民」への影響度合いが測定された。その結果，他者・自己インパクト認知の差が大きくなるほど，大学生の投票行動可能性も増したことから，広告が他者にインパクトを及ぼすと感じた人は，そうした影響力を相殺するために投票行動を意図した可能性がある，と結論づけられている。

しかし，同じく第三者効果が投票行動に及ぼす効果を検討したバニング（Banning, 2006）は，ゴランら（Golan et al., 2008）と反対の結果を見いだしている。ここでは直近の大統領選挙を題材とした全米電話調査が行われ，特定のメディア情報が他者および自分の意見にもたらすインパクトの差と，大統領選挙における投票行動との関係が検討された。その結果，他者・自己インパクト認知の差は投票行動に負の効果を及ぼしていた。つまり，第三者効果が大きくなるほど投票に行かなくなるという，ゴランらとは逆の結果が得られたわけである。バニングはこの結果を，メディア情報がもつ社会的影響力はあまりに大きくて，人々は自分ひとりの投票ではどうにもならないと考え，逃避的な行動をとったのではないかと考えた。自己効力感は測定しておらず，分析の中でこれを統制しえなかったこともこの解釈を後押しした。

以上に挙げた研究は概して，第三者効果が，提示された情報の社会的影響力を低減・相殺するような行動（意図）につながることを示している。しかし，くり返し述べておかなければならないのは，実際に検証されたのはすべて，他者・自己インパクト認知の差が行動（意図）に及ぼす効果であり，他者インパクト認知そのものの効果ではないことである。したがって，デイヴィソン（Davison, 1983）が予測したプロセス――マスメディア情報による他者インパクトが肯定された結果，そのような影響力を減じるための行動が志向される――は，これらの結果をもって実証されたとはまだ結論づけられないだろう。デイヴィソンの予測を真に検証するためには，第三者効果のうち他者インパクトの肯定こそが，情報の社会的インパクトを低減するような行動意図につながっていることを明らかにする必要がある。

次章では，これまでに示した３つの論点，すなわち被害者の発言を判断刺激としたときの人々の量刑判断，司法や被害者，市民をめぐる信念やステレオタイプ，そして上記した第三者効果の知見をどのように接合し，本書の主題に収束させていくかを検討する。

2.4. 本章のまとめ

３章において本書の視座を示すに先立ち，これまで挙げてきた複数の論点を要約・整理しておきたい。

はじめに，わが国の刑事裁判に裁判員制度と被害者参加制度が導入されたことに着目し，これらの制度に関連して，主としてマスメディアや司法関係者が提起してきた議論を概観した。具体的には，事実認定や量刑判断は「理性的」に行われる必要があるのに対し，被害者は「感情的」になりやすく，一般市民は影響されやすいため，両制度が適用される裁判において，一般の人々は被害者の発言に影響され，より厳しい事実認定や重い量刑判断を行うとの見通しが提起されていることを明らかにした。

次に，北米などで行われている実証研究を参照した。これらの研究は大きく分けて，模擬裁判実験と自然実験に区別される。前者は，VIS――被害者が事件によって被ったさまざまなダメージや，事件に対する意見などを裁判所に伝える制度――の行使の有無や，被害者関連情報の有無を裁判のシナリオや映像の中で実験的に操作し，大学生などが行う量刑判断に与える効果を検討するものであり，後者は実際の裁判記録という自然発生データから，同様の効果を検証する手法である。これらの研究を概観し，「人々は被害者の発言に影響されて，より厳しい事実認定や重い量刑判断を下すようになる」という予測が必ずしも支持されていないことを確認した。

次に，こうした結果の不一致を説明しうる要因として，人々が裁判や被害者，市民に対して抱いている信念やステレオタイプに着目した。人々は裁判について，法的安定性や「理性」が重要だという信念を抱いている一方で，被害者に対しては「感情的」，市民に対しては影響されやすいというステレオタイプを保持している。そうした人々にとって，法廷における被害者の発言は「不適切」な情報なのであり，これらの情報に心を動かされないよう自己抑制的に反応することが予測される。

最後に，メディア情報による自己へのインパクトを，他者へのインパクトに比べて小さく認知するという第三者効果の理論と研究を参照した。主観的に「不適切」とみなされる情報について第三者効果は生起し，また自己・他者インパクト認知の差も大きくなることが明らかになっており，これらは個人のself-serving（自己奉仕的）な動機に規定されていることを確認した。さらに，第三者効果は情報の社会的影響力を低減・相殺するための行動をもたらす，という予測を検討した研究結果を概観してきた。

次章では，それぞれ異なる領域で検討されてきた上記の知見をひとつの主題に統合し，法的判断者としての市民を深く理解する上でとるべきアプローチを明らかにする。

3 裁判員としての市民の実像

3.1. 導出された論点

ここまで検討してきた内容は，以下の２点に集約することができる。第一に，人々は裁判について「理性的であるべき」という信念を，被害者に対しては「感情的である」とのステレオタイプを抱いており，そのため被害者の裁判参加やそこでの発言は「不適切」だと受けとめられる可能性がある。第二に，そうした人々は，裁判での被害者の発言に影響されることを望ましくないと考えることから，その発言を耳にしたときには，これに影響されまいと自己抑制的に反応し，その結果として第三者効果を示すだろう。これまで主にマスメディアの影響力という文脈で検討されてきた第三者効果であるが，刑事裁判という閉じられた場面でも生起することが予測できる。具体的な仮説は以下の通りである。

・裁判員（以下，仮想であることを含意する）は被害者の発言に対して第三者効果を呈する
・被害者の裁判参加に対する否定的な態度は，第三者効果のうち自己インパクト否認につながる

第三者効果は，前掲のように他者インパクトの肯定と自己インパクトの否認という２つの要素に還元することができるが，このうち自己インパクトの否認について，本書が想定するプロセスは次のようなものである。自己インパクト否認をもたらすのは，被害者の裁判参加に対する否定的な態度であり，これはさらに，「理性的」な裁判信念と「感情的」な被害者ステレオタイプによって規定される。いい換えると，「理性的」な裁判信念に動機づけられた自己抑制

の結果として，人々は被害者の発言による自己インパクトを否認するものと考えられる。具体的な仮説は次の通りである。

・自己インパクト否認，さらにこれを規定する被害者の裁判参加に対する否定的な態度は，「理性的」な裁判信念と「感情的」な被害者ステレオタイプにもとづく「理性的」な判断動機によってもたらされる

先行研究が明らかにしてきたのは，他者が自分より専門知識をもたない存在であるとき，人々は情報による他者へのインパクトを肯定するということであった。これを本書の枠組みにおき換えると，人々が被害者の発言による他者インパクトを肯定するのは，他者（他の裁判員）が法的知識や経験を欠いているときだということになるだろう。自分より他者に専門知識がある場合，他者インパクトは否認されるものと予測できる。

・他者（裁判員）が専門知識を有しているとき，被害者の発言による他者インパクトは否認される

一方で，人々が市民に対し，「感情的な要因に影響されやすい」というステレオタイプを抱いている場合，被害者の発言が他の裁判員に及ぼす影響はとくに大きく見積もられる可能性がある。

・「感情的な要因に影響されやすい」という市民ステレオタイプは，被害者の発言による他者インパクトの肯定をもたらす

先行研究では，第三者効果のうち他者インパクト肯定が，その後の個人の行動を規定すると予測されてきた。ここでは，当該情報がもちうる社会的影響力を低減・相殺するために，人々は検閲を支持したり投票したりするなどの戦略的行動をとるものと考えられている。本書におき換えた場合，この「情報がもちうる社会的影響力」は，被害者の発言が他の裁判員に及ぼしうるインパクトに相当するだろう。そして，こうした他者インパクトを低減する「戦略的行動」とは，被告人に軽い量刑を科すことに他ならない。

先行研究では，他者・自己インパクト認知の差が大きくなるほど個人の検閲意図や投票行動がもたらされる結果をもって，これを他者インパクト肯定によ

る効果とみなしてきたが，本書では直接的に，他者インパクト肯定と行動の関係を検証することとしたい。

・被害者の発言について生じた第三者効果，とくに他者インパクトの肯定は，被告人に対する軽い量刑判断につながる

本書では最終的に，被害者の裁判参加が人々の量刑判断に及ぼす効果が一貫しないことの手がかりとして，人々が抱いている「理性的」な裁判信念に着目し，その効果を検証する。

こうした信念を保持している人は，被害者の発言に影響されてはならないと自己抑制し，被害者が裁判参加したときでも，そうでないときと同じくらい，あるいはむしろ軽い量刑を科す可能性がある。一方，こうした信念が弱い場合，人々は被害者の裁判参加ゆえに重い量刑を科すだろう。つまり，「被害者が裁判参加すると人々が下す量刑は重いものになる」との従来の予測は，「理性的」な裁判信念を保持していない人にのみあてはまる，というのが本書の予測である。

・「理性的」な裁判信念は，量刑判断に対する被害者の裁判参加の効果を調整する

以上の予測に加えて，第三者効果の生起因を明らかにする試みとして，本書ではさまざまな教示による低減可能性を検討する。

これらの検証を通じて，提示された刺激にただ影響される側面ばかりが注目されてきた一般の人々が，そうした「警鐘」を鳴らしてきたマスメディアや専門家と同じ信念や価値観を内在化させ，そのごく素朴な規範意識によって法的判断を行っていることを明らかにすることができるだろう。

3.2. 本書が検証するモデル

本書がこれから検証していくのは図1に示したプロセスである。第一に，被害者が発言し，一般の人々が裁判員として判断を下す仮想的な裁判場面において，人々は被害者の発言に第三者効果を呈するだろう。第二に，第三者効果の

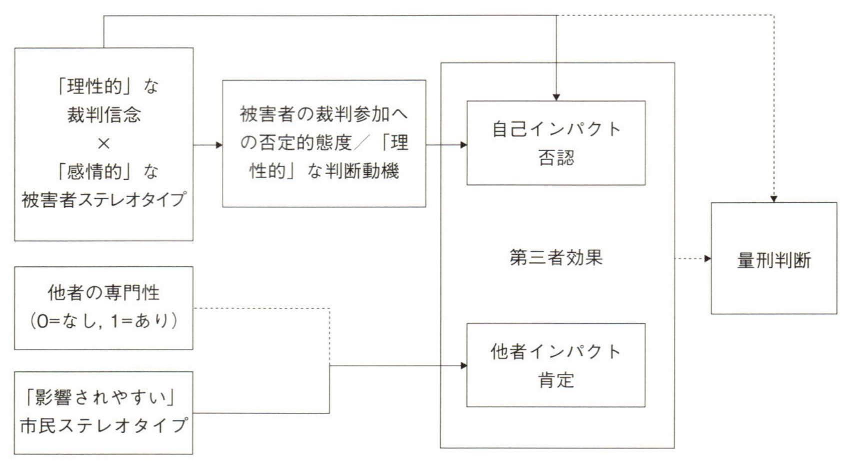

図１．本書のモデル

注）実線は正の，点線は負の効果を示している。

うち自己インパクト否認は，被害者の裁判参加に対する否定的な態度や「理性的」な判断動機によってもたらされること，第三に，こうした否定的な態度や動機は，「理性的」な裁判信念と「感情的」な被害者ステレオタイプに規定されているという予測を検証する。

他者インパクト肯定については，第一に，他者が自分より専門性を有している場合には解消されること，第二に，「感情的な要因に影響されやすい」という市民ステレオタイプがこれを促進していることを検討する。さらに，自己・他者インパクトの認知におけるかい離が，被告人に対する軽い量刑判断につながる可能性を，とくに他者インパクト肯定に注目して検証する。

最後に，「理性的」な裁判信念が量刑判断に及ぼす直接的な効果について，被害者の裁判参加がもつ効果とあわせて検討する。

本モデルが妥当なものであれば，人々が量刑判断を行うプロセスには，「理性的」な裁判信念によって駆動する自己抑制的な側面があることを示すことができるだろう。そのことはまた，被害者の裁判参加が必ずしも重い量刑判断につながらないという結果の非一貫性も，整合的に説明してくれるはずである。このモデルの特徴は，被害者の裁判参加という，これまで無条件に人々の量刑判断を重くすると考えられてきた場面において，量刑を促進・抑制する２つの独立した過程を想定し，両者をあわせて取りだそうとする点にある。

3.3. 本書の検証プロセス

ここから先は，図１に示したモデルの妥当性を検証する手続きとなる。模擬的な裁判場面を設定し，４章では，その中で裁判員を務める人々が被害者の発言に第三者効果を呈すること，このうち自己インパクト否認は，被害者参加制度への否定的な態度や「理性的」な裁判信念からもたらされることを確認する。あわせて，第三者効果のうち他者・自己インパクト認知のいずれが量刑判断を規定しているのか明らかにするとともに，裁判に対する信念が量刑判断に及ぼす間接的な効果についても検証する。また，第三者効果の生起因を特定するための試みとして，これを低減・解消するためにどのような介入が効果的であるのかを，さまざまな教示や操作を用いて検証する。

５章では，「理性的」な裁判信念が量刑判断に及ぼす直接的な効果を確認した上で，予測通り，被害者参加による量刑判断への効果を，この信念が調整しているかどうかを検証する。

これらの研究で用いるのは，架空の事件や裁判の一部を抜粋したシナリオ・映像である。題材とするのは，裁判員制度と被害者参加制度がともに適用される殺人事件，あるいは傷害致死事件である。すべての事件において被告人は罪状を認めている設定とするため，争点は量刑判断に限定される。

4 司法場面における第三者効果

4.1. 第三者効果は裁判でも生起するか

4.1.1. 研究 1

はじめに，裁判員を務める人々は，被害者の発言による自己へのインパクトを，他者へのインパクトに比べて小さく認知する，という本書モデルの基底部にあたる仮説を検証する。他者・自己インパクト認知の相対的な位置関係に加えて，それぞれの絶対的な位置関係についても確認しておく必要があるだろう。自己インパクト認知が相対的に小さいものであったとしても，その平均値が理論的中点を超えていた場合，人々の自己抑制的な傾向を仮定する本書の想定は，はじめから妥当性を欠くことになるからである。そこで，評定値を理論的中点と比較するというプローニンら（Pronin et al., 2007）の方法を踏襲し，他者・自己インパクト認知と理論的中点の位置づけを確認したい。

仮説 1－1 ：裁判員は被害者の発言に対して第三者効果を呈する
仮説 1－2 ：このうち自己インパクト認知は理論的中点より小さい
仮説 1－3 ：このうち他者インパクト認知は理論的中点より大きい

さらに，第三者効果が被告人への軽い量刑判断をもたらすとの予測についても検証する。第三者効果がその後の行動や行動意図を規定することはすでに確認されている（Banning, 2006；Golan et al., 2008；Rojas et al., 1996；Shah et al., 1999）。これらの研究で想定されてきたのは，第三者効果が情報の社会的影響力を減じるような行動をもたらすということである。同様の枠組みを本研究にあてはめるならば，裁判員が被害者の発言に対して呈した第三者効果は，被害者の発言が他の裁判員に及ぼす影響力を減じうる行動，すなわち被告人への軽い量刑判断につながることが予測される。

仮説2：裁判員が被害者の発言に呈した第三者効果は，被告人に対する軽い量刑判断につながる

その上で，他者・自己インパクト認知のいずれが量刑判断に効果を有しているのか検討する。すでに述べた通り，個人の行動（意図）を規定するのは他者インパクト肯定だと考えられており（Davison, 1983），このことは，社会的に望ましくない情報が影響力をもつとみなされたとき，人々はそれを低減するための戦略的な行動をとる，という想定に依拠している。実際，先行研究の多くがこうした想定にもとづいて結果を解釈してきた（Banning, 2006；Golan et al., 2008；Rojas et al., 1996；Shah et al., 1999）。しかし，第三者効果が行動（意図）にもたらす効果は確認されているものの，他者インパクト肯定そのものの効果が実証されてきたわけではない。本章では，他者・自己インパクト認知が量刑判断に及ぼすそれぞれの効果を検証し，デイヴィソン（Davison, 1983）が想定した通りの結果が得られるのか検証したい。

参加者と手続き　東京都内にある私立の美術大学の「法と心理学」の講義中，実験実施に同意した大学生71名（男性16名・女性54名・不明1名，平均年齢20.00歳，$SD = 1.49$）がシナリオ実験に参加した。具体的には，「犯罪や裁判に関する意識調査」と題した質問紙を配布し，その場で回収した。

質問紙　質問紙は，表紙と以下に示すシナリオ・設問から構成された。表紙には上記の表題と，回答にあたっての注意点が記載された。その上で，裁判員制度と被害者参加制度が刑事裁判に導入された旨と，両制度の概要を冒頭に数行で示した。次に，参加者はある傷害致死事件の裁判員に選ばれたという想定でシナリオを読み，関連する設問に回答するよう求めた。質問紙の構成と具体的な設問内容は次の通りである。

なお，裁判員制度と被害者参加制度についての教示，および事件概要と裁判シナリオの内容は，巻末資料（資料1）に添付した。

【事件概要】石崎・荒川・若林（2010）の作成した裁判映像を参考に，架空の傷害致死事件の概要を提示した。内容は，被告人が，以前勤めていた会社の同僚と借金をめぐってトラブルとなり，所持していた果物ナイフで被害者の腹部を刺し，死に至らしめたというものである。被告人は罪状を認めている旨も記載された。

【裁判シナリオ】 裁判手続きのうち，「被告人弁護人による陳述」，「被害者（遺族）による被告人質問」，「検察官による論告・求刑」，「被害者（遺族）による論告・求刑」，「被告人弁護人による弁論」を記載した。類似事件での量刑相場にもとづき，検察官による求刑は12年とし[23]，被害者は「一番重い刑」を求刑した。

【自己・他者インパクト認知】 自己インパクト認知として，「被害者の発言に，あなたはどの程度心を動かされましたか」（「まったく動かされなかった（1）」から「とても動かされた（7）」までの7件法）を，他者インパクト認知として「被害者の発言に，あなた以外の裁判員は，どの程度心を動かされたと思いますか」（同7件法）をそれぞれ尋ねた。

【読み取り確認】 参加者が，事件概要と裁判シナリオを読み，正しく理解していることを確認するため，「あなたは，被告人の処分をどのように判断しますか」（無罪・有罪）と尋ねた。被告人は罪状を認めているため「有罪」が正答となる。「無罪」と回答した1名のデータを除外した（前掲した参加者の人数，属性は除外後のものである）。

【量刑判断】「あなたは，被告人にどのような量刑を下しますか。適当だと思う年数に1つ○をつけてください」と尋ねた（3年から20年の間で年単位）。

第三者効果の生起率　先行研究（Gunther, 1991；Gunther, 1995；Price & Tewksbury, 1996；Tiedge et al., 1991）にならい，はじめに第三者効果の生起率を確認した。他者インパクト認知から自己インパクト認知を差し引いた値（7件法につき理論的には－6から＋6の値をとりうる）が正であったのは51名（71.83%），0であったのは8名（11.27%），負であったのは12名（16.90%）となり，参加者の7割超に第三者効果が生じたことが確認された。

他者・自己インパクト認知　他者・自己インパクト認知の平均値を比較したところ，他者インパクト認知が4.39（SD＝1.19），自己インパクト認知は3.15

23　石崎ら（2010）の裁判映像を参考にした。この映像は研究4でも使用している。

（SD＝1.53）であり，自己インパクトが相対的に否認されていることが確認された（t（70）＝6.36, p<.001）。

さらに，他者・自己インパクト認知それぞれと理論的中点（4）を比較したところ[24]，他者インパクト認知（t（70）＝2.80, p<.01），自己インパクト認知（t（70）＝4.66, p<.001）ともに中点から有意に隔たっており，理論的中点より他者インパクトは大きく，自己インパクトは小さく認知されていた。以上の結果から，裁判員は被害者の発言に対して第三者効果を呈するとの仮説（1－1）と，このうち自己インパクト認知は理論的中点より小さく，他者インパクト認知は理論的中点より大きい，という仮説（1－2・1－3）がいずれも支持されたといえる。

第三者効果と量刑判断　他者インパクト認知から自己インパクト認知を差し引いた値が量刑判断に及ぼす効果を検討するため（仮説2），第三者効果を独立変数，量刑判断を従属変数とする回帰分析を行った（表4）。仮説が正しければ，第三者効果は量刑判断に対して負の効果をもつはずであり，実際に負の影響は確認されたものの，これは統計的に有意な大きさではなかった。

次に，他者・自己インパクト認知の各効果を検証するため，これらを独立変数とする重回帰分析（強制投入法）を行った（表4）。その結果，自己インパクト認知が量刑判断に正の効果（有意傾向）をもつことが確認された。つまり，被害者の発言による自己インパクトを肯定する人ほど，被告人に重い量刑判断を行っていることが明らかになった。

考察　本研究が明らかにしたのは次の2点である。第一に，仮想裁判員としてシナリオ実験にのぞんだ大学生は，被害者の発言による自己へのインパクトを相対的に小さく認知した。他者インパクト認知は理論的中点より大きく，自己インパクト認知は理論的中点より小さいものであった。つまり，被害者の発言による自己インパクトは相対的にも絶対的にも否認され，他者インパクトは反対に，相対的・絶対的にも肯定される結果となった。

第二に，他者インパクトの肯定が軽い量刑判断をもたらすとの予測に反し

24　評定値の絶対的な位置関係を把握するために，特定の基準値（多くの場合，理論的中点が用いられる）と有意に差があるかどうかを検討する方法である（e.g., 浅井・唐沢, 2013）。

表 4．量刑判断に対する第三者効果，他者・自己インパクト認知の効果

標準偏回帰係数（β）	量刑判断	
第三者効果（－６～＋６）	－.08	—
他者インパクト認知	—	.17
自己インパクト認知	—	.21 †
F	0.43	3.49*
R^2	.01	.10
$AdjR^2$	－.01	.07

† p<.10, * p<.05

て，量刑判断を規定しているのは自己インパクト認知であることが確認された。大学生は，被害者の発言による自己インパクトを肯定するほど，被告人に重い量刑を下していたわけである。ただし，自己インパクトは相対的にも絶対的にも否認されているという先の結果をふまえれば，上記の結果はむしろ，被害者の発言による自己インパクトを否認するほど軽い量刑を下している，と解釈するべきだろう。デイヴィソン（Davison, 1983）の想定が正しければ，他者インパクトの肯定が量刑判断に負の効果をもつはずであったが，本結果はこれとは異なるものとなった。少なくとも法的判断では，他者の動向予測にもとづく戦略的な反応は生起しにくいことが，本研究から示唆されたといえるだろう。

研究２では，第三者効果の頑健性を確認し，自己インパクトの否認と量刑判断の関連を再検証するとともに，自己インパクト認知の規定因として，被害者の裁判参加に対する個人の態度がもつ効果を検討する。

4.1.2. 研究 2

本研究では，第三者効果の頑健性と自己・他者インパクト認知の相対的・絶対的な位置関係について，研究１の結果を追試する。

仮説１－１：裁判員は被害者の発言に対して第三者効果を呈する
仮説１－２：このうち自己インパクト認知は理論的中点より小さい
仮説１－３：このうち他者インパクト認知は理論的中点より大きい

次いで，被害者の裁判参加に対する個人の否定的な態度が，第三者効果，とりわけ自己インパクトの否認をもたらしているとの仮説について検討する。

自己インパクトが否認される背景には，個人のself-serving（自己奉仕的）な動機が関わっていることが指摘されてきた（Perloff, 1993, 1999；Pronin et al., 2007）。社会的影響を受けたり他者に同調したりすることは，一般的に望ましくないことだとみなされており，自分にそうした傾向があることは否定される反面，他者に対してはそうした動機が働かず，相対的に他者より自己へのインパクトが否認されることになる。この，self-serving（自己奉仕的）な動機こそ第三者効果の主要な生起因だとする考え方は，第三者効果は主観的に望ましくない情報について生起・増大するという知見（Driscoll & Salwen, 1997；Gunther, 1991；Gunther & Mundy, 1993；Gunther & Thorson, 1992；Price et al., 1998；White, 1997）とも整合的である。

本書のモデル上，「不適切」な情報に相当するものとしては，裁判における被害者（遺族）の発言が仮定されている。元来，遺族はもっとも極端な形で大切な家族の生命を奪われ，著しい社会的苦境に置かれ，誰よりそのニーズに対する共感と配慮を必要としている存在である。それなのになぜ，その発言が不適切視されたりすることがありうるのだろうか。この仮定は，2章で詳述したように，以下2つの要因に依拠している。

ひとつめの要因は，社会的に共有された「理性的」な裁判信念の存在である。私たちは，客観的な証拠にもとづいて理性的に行われるべき，といった司法をめぐる社会通念を保持している（Nussbaum, 2004 河野訳 2010）。被害者をこうした枠組みから捉えた場合，被告人に強い応報感情を抱き，裁判にもその感情をもち込む存在としてステレオタイプ化されやすい（椎橋，2007, 2008）。これがふたつめの要因である。裁判と被害者に付与されるこうした対立的なイメージは，「理性的」であるべき裁判に「感情的」な要素をもち込みうる被害者が参加するのは不適切である，といった態度をもたらすだろう。被害者の裁判参加を否定的に捉える人は，したがって，被害者の発言に心を動かされることも不適切だと捉え，自己へのインパクトも否認することが予想される。

仮説２：被害者の裁判参加に対する否定的な態度は，被害者の発言による自己インパクトの否認につながる

第三者効果は軽い量刑判断につながるとの予測についても検証する。研究１では，他者インパクト肯定ではなく自己インパクト否認が軽い量刑判断をもたらす傾向が確認された。この結果が頑健なものかどうかを研究２において明らかにしたい。

仮説３：裁判員が被害者の発言に対して呈した第三者効果は，被告人に対する軽い量刑判断につながる

参加者と手続き　東京都内にある国立大学の大学生・大学院生を中心に，その家族を加えた合計169名（男性86名・女性83名，平均年齢21.40歳，*SD*＝4.40）がシナリオ実験に参加した。具体的には，「社会心理学実験実習Ⅲ」における実習の一環として，「裁判員制度に関するアンケート」と題した質問紙を受講生の知人や家族に配布し，その場で，あるいは後日回収した。

質問紙　質問紙は表紙と以下に示す設問・シナリオから構成された。表紙には，本研究が裁判員制度に関するアンケートであることと，回答にあたっての注意点が記載された。その上で，裁判員制度と被害者参加制度が刑事裁判に導入された旨と，両制度の概要を冒頭に数行で示し，被害者参加制度に対する態度を尋ねた。次に，ある傷害致死事件の裁判員に選ばれたという想定でシナリオを読み，関連する設問に回答するよう参加者に求めた。質問紙の構成と具体的な設問内容は次の通りである。

なお，裁判員制度と被害者参加制度についての教示，および事件概要・裁判シナリオの内容は巻末資料（資料２）に添付した。

【被害者参加制度に対する態度】「あなたは，被害者参加制度についてどのように考えていますか」と７件法（「とても反対（１）」から「とても賛成（７）」まで：分析では逆転して用いた）で尋ねた。

【事件概要】 架空の傷害致死事件の概要を提示した。内容は研究１で使用したものとほぼ同じであり，被告人が，以前勤めていた会社の同僚と借金をめぐってトラブルとなり，所持していた果物ナイフで被害者の腹部を刺し，死に至らしめたというものである。被告人は罪状を認めている旨も記載された。

【裁判シナリオ】 裁判手続きのうち，「被告人弁護人による陳述」，「被害者参加人（遺族）による被告人質問」，「検察官による論告・求刑」，「被害者参加人（遺族）による論告・求刑」，「被告人弁護人による弁論」を記載した。類似事件での量刑相場にもとづき，検察官による求刑は８年とし，被害者参加人は法定刑の上限である20年を求刑した。

【読み取り確認】 参加者が，事件概要と裁判シナリオを読み，正しく理解していることを確認するため，「あなたは，被告人に対する処分をどのように判断しますか」（無罪・有罪）と尋ねた。被告人は罪状を認めているため「有罪」が正答となる。「無罪」と回答した２名のデータを除外した（前掲した参加者の人数と属性は除外後のものである）。

【量刑判断】「あなたは，被告人に対してどのような量刑を下しますか。かっこの中に１つ○をつけ，有期懲役を選んだ方は適当だと思う年数に１つ○をつけてください」と尋ねた（有期懲役・無期懲役・死刑から選択を求め，有期懲役に○をつけた参加者にはさらに，３年から20年の間で年単位で選択するよう求めた）。

【自己・他者インパクト認知】「被害者参加人の発言に，あなた自身はどの程度心を動かされましたか」（「まったく動かされなかった（１）」から「大変動かされた（７）」までの７件法）と，「被害者参加人の発言に，あなた以外の裁判員は，どの程度心を動かされると思いますか」（「まったく動かされない（１）」から「大変動かされる（７）」までの７件法）を尋ねた。

第三者効果の生起率　研究１と同じく，他者インパクト認知から自己インパクト認知を差し引いた値を算出したところ，169名のうち126名（74.56％）が正の値，35名（20.71％）が０，８名（4.73％）が負の値となり，７割超の参加者に第三者効果が生起したことが確認された。

他者インパクト認知の平均値は4.73（SD＝1.07），自己インパクト認知は3.05（SD＝1.60）であり，他者インパクト認知（t（168）＝8.90, p<.001），自己インパクト認知（t（168）＝7.73, p<.001）ともに理論的中点（４）から有意に離れていた。つまり，理論的中点に比べて他者インパクトは大きく，自己インパク

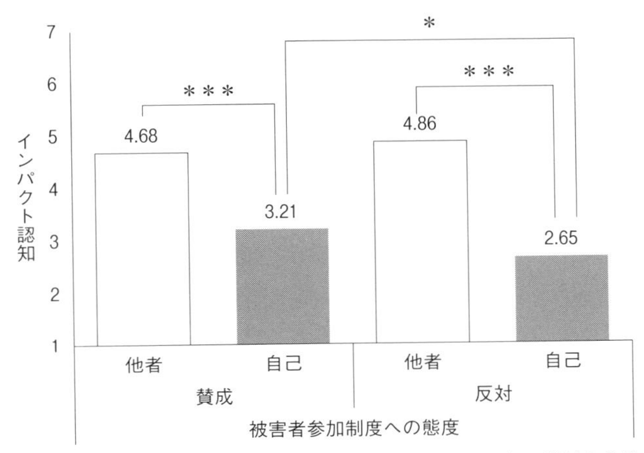

図2．被害者参加制度への態度と他者・自己インパクト認知の単純主効果
$^{*}p<.05$, $^{***}p<.001$

トは小さく認知されていることが確認された。以上の結果から，裁判員は被害者の発言に対して第三者効果を呈するという仮説1－1，自己インパクト認知は理論的中点より小さく，他者インパクト認知は大きいという仮説1－2・1－3が，研究2において追証されたといえるだろう。

被害者参加制度への否定的態度と第三者効果　被害者参加制度への否定的態度（中央値で折半し賛成／反対条件に分けた）を独立変数，自己・他者インパクト認知を従属変数とする混合計画の分散分析を行った。その結果，被害者参加制度に対する否定的態度の主効果（F（1, 155）= 1.18, *ns.*；F（1, 155）= 1.06, *ns.*）はみられなかったが，他者・自己インパクト認知の主効果（F（1, 155）= 167.88, $p<.001$）が確認された。また被害者参加制度に対する否定的態度と他者・自己インパクト認知との交互作用が有意であったため（F（1, 155）= 8.19, $p<.01$），単純主効果の検定を行ったところ（図2），制度に賛成していても（F（1, 155）= 95.91, $p<.001$），また反対している場合でも（F（1, 155）= 85.19, $p<.001$）第三者効果は生起していた。また，賛成しているときより反対している場合に自己インパクトは否認されやすいことも明らかになった（F（1, 155）= 4.59, $p<.05$）。

以上の結果は，被害者の裁判参加に対する否定的な態度は，被害者の発言に

表５．量刑判断に対する第三者効果，他者・自己インパクト認知の効果

標準偏回帰係数（β）	量刑判断	
第三者効果（－６～＋６）	－.26**	—
他者インパクト認知	—	－.06
自己インパクト認知	—	.31***
F	11.14**	7.59**
R^2	.07	.09
$AdjR^2$	.06	.08

**p<.01, ***p<.001

よる自己インパクトの否認につながる，という仮説２を支持するものといえるだろう。

第三者効果と量刑判断　量刑判断に対して第三者効果がもつ負の効果を確認するため，量刑判断を従属変数，第三者効果，つまり，他者インパクト認知と自己インパクト認知の差を独立変数とする回帰分析を行った（表５）。第三者効果は量刑判断に負の効果を有しており，他者・自己インパクト認知の差が大きくなるほど量刑判断は軽くなることが確認された。

次いで，他者・自己インパクト認知が量刑判断に及ぼすそれぞれの効果を検討するため，他者・自己インパクト認知を独立変数とする重回帰分析（強制投入法）を行った。研究１と同じく，自己インパクト認知が量刑判断に正の効果を有していることが明らかになった一方で，他者インパクト認知の効果はやはり有意でないことが確認された（表５）。

自己インパクト認知の媒介分析　以上の結果からは，被害者の裁判参加に対する否定的な態度が，被害者の発言による自己インパクトの否認と関連しており，さらに自己インパクト認知は量刑判断と正の関連を有していることが明らかになった。このことから，被害者の裁判参加に対する否定的な態度は，自己インパクトの否認を媒介して，量刑判断に負の効果をもたらしたことが予測される。このプロセスを検討するために媒介分析（Baron & Kenny, 1986）を行った（図３）。

被害者の裁判参加に対する否定的な態度から自己インパクト認知に対する負の効果は，先の分散分析の結果と同じく有意であった（R^2 =.04, p<.01, β =

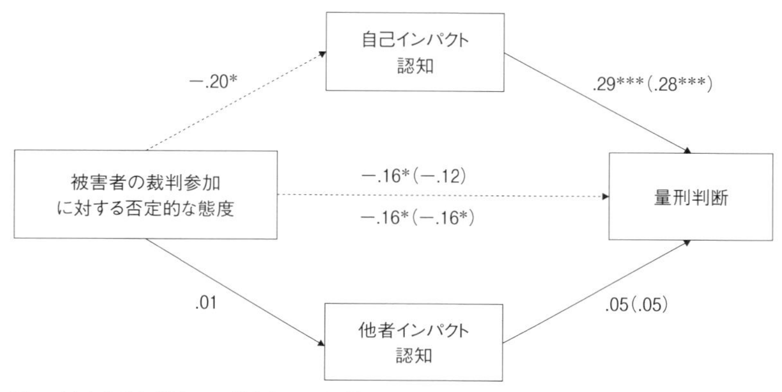

図３．被害者参加制度への態度と量刑判断の媒介分析（自己・他者インパクト認知別に実施）
$^{*}p<.05$, $^{***}p<.001$
注１）実線は正の効果を，点線は負の効果を示す。
注２）括弧内の値は重回帰分析から得られた標準偏回帰係数を，括弧外の値は単回帰分析から得られた回帰係数を表している。

$-.20$, $p<.01$)。さらに，自己インパクト認知は量刑判断を有意に予測した（$R^2=.09$, $p<.001$, $\beta=.29$, $p<.001$)。次いで，被害者の裁判参加に対する態度と自己インパクト認知から量刑判断を予測する重回帰分析（強制投入法）を行ったところ，被害者の裁判参加に対する態度の効果は有意でなくなったが（$\beta=-.12$, t（157）$=-1.49$, *ns.*)，自己インパクト認知は量刑判断の予測因としていぜん有意であった（$\beta=.28$, t（157）$=3.59$, $p<.001$)。

以上の結果から，被害者が裁判参加することへの否定的な態度ゆえに，被害者の発言による自己へのインパクトが否認され，被告人に軽い量刑が下される過程が明らかになった。他者インパクト認知の媒介効果についても同様の検討を行ったが，有意な媒介効果は確認されなかった（図３）。

考察　裁判員を務めた大学生らは，被害者の発言に対して第三者効果を呈することが，再び確認された。研究２でも参加者の75％近くに第三者効果が生起し，また他者インパクトおよび理論的中点と比べても，自己インパクトは否認されていることから，被害者の発言による自己インパクトが相対的・絶対的に小さく認知されること，同様に他者インパクトが相対的・絶対的に大きく認知される現象は頑健だと結論づけることができるだろう。

さらに，本研究で明らかになったのは被害者の裁判参加に反対する人ほど，被害者の発言による自己インパクトを否認することであった。先行研究では，人々が提示された情報を不適切とみなすほど，第三者効果は生起・増大することが確認されており（Driscoll & Salwen, 1997；Gunther, 1991；Gunther & Mundy, 1993；Gunther & Thorson, 1992；Price et al., 1998；White, 1997），本結果はこうした知見を支持するものと考えられる。

第三者効果が被告人に対する量刑判断を軽くすること，この効果は自己インパクト認知によるものであることが，研究１に続いて本研究でも確認された。この点については，被害者の裁判参加に否定的な人ほど，被害者の発言による自己インパクトを否認し，またそうした人ほど被告人に軽い量刑を下していることが新たに示された。この結果は，被害者の裁判参加に対する否定的な態度が量刑判断を抑制すること，つまり，個人があらかじめ保持している態度が量刑判断を間接的に規定していることを示すものといえるだろう。

ここまでに得られた，第三者効果が量刑判断に及ぼす負の効果それ自体は，第三者効果が投票行動や有害メディアの検閲意図に及ぼす効果を明らかにした先行研究と整合している（Banning, 2006；Golan et al., 2008；Rojas et al., 1996；Shah et al., 1999）。第三者効果によって投票行動が増えるのは，メディアがもつ他者への強力な影響力を減じるため，人々が進んで選挙に行くからであり，またメディアへの検閲意図が増えるのは，これらが他者に及ぼす有害な影響を断ち切ろうと人々が志向するためだと先行研究は解釈してきた。しかし，ここまでくり返し述べてきたように，行動（意図）に対する他者インパクト認知の効果が直接的に検討されてきたわけではなかった。第三者効果は他者インパクトが肯定されるほど，また自己インパクトが否認されるほど大きくなる。したがって，第三者効果が検閲意図に影響したからといって，それが必ずしも他者インパクト肯定による効果であるとは限らない。情報による自己インパクトを否認する人ほどその検閲を支持する，という別の解釈可能性も残されているからである。

特定の情報に対する否定的な態度が，情報検閲への賛意につながるという解釈は，これまで検討されたことのない考え方ではあるが一応筋道は通っている。ローハスら（Rojas et al., 1996）やシャーら（Shah et al., 1999）が用いた情報刺激が暴力やポルノ，タバコ，ギャンブルなどのネガティブ情報であったことや，第三者効果の生起にはネガティブ情報による自己インパクトを否認しようとする self-serving（自己奉仕的）な動機が関わっているとの議論（Perloff, 1993, 1999；Pronin et al., 2007）をふまえれば，有害情報に対する検閲意図の規定因として，個人の態度，とりわけ否定的な態度を仮定するのはごく自然なことといえるだろう。

このように考えると，個人の行動（意図）を規定しているのは結局，個人があらかじめ保持している態度だということになる。研究３では，個人の態度を起点とする上記の心的過程を追試するとともに，人々が被害者の裁判参加に反対する理由をひろく収集する。本書が仮定するように，「理性的」な裁判信念と「感情的」な被害者ステレオタイプが一種の社会通念になっているのだとすれば，そうした記述は反対理由にも見いだすことができるだろう。

4.2. 自己インパクト否認の規定因

4.2.1. 研究 3

研究１・２の結果からは，量刑判断が自己インパクト否認を媒介し，被害者の裁判参加に対する否定的な態度によって規定されることが示された。研究３では，このプロセスの頑健性をまず確認したい。

> 仮説１：被害者の裁判参加に対する否定的な態度は，自己インパクトの否認を介して軽い量刑判断につながる

仮説１のプロセスには，「“理性的” であるべき」という裁判信念と，「“感情的” である」という被害者ステレオタイプが関わっているだろう。さらに本研究では，他者インパクト肯定を規定する要因にも着目し，「“感情的” な要因に影響されやすい」という市民ステレオタイプがもつ効果について検証する。

仮説２－１：被害者の裁判参加に対する否定的な態度は，「理性的」な裁判信念と，「感情的」な被害者ステレオタイプに規定される
仮説２－２：他者インパクト肯定は，「“感情的”な要素に影響される」との市民ステレオタイプに規定される

本研究では，第三者効果の低減可能性についても検討する。認知バイアスは一般的にきわめて頑健で解消されにくい特質をもつが，その理由として，人々が自らのバイアス傾向に無自覚であることが挙げられている（工藤，2003；Pronin & Schmidt, 2013）。その場合，本人がバイアスを自覚しさえすれば，それによる影響は排除できるはずである。第三者効果が認知バイアスである旨を教示することによって，他者・自己インパクト認知のかい離を縮めることはできるだろうか。

仮説３：認知バイアスである旨を伝える教示によって第三者効果は低減する

参加者と手続き　都内国立大学の学部生・大学院生147名（男性101名・女性45名・不明１名，平均年齢21.24歳，*SD*＝1.58）がシナリオ実験に参加した。共同研究者である荻原ゆかり氏の卒業論文研究として，「裁判員制度に関するアンケート」と題した質問紙を同氏の知人などに配布し，その場で，あるいは後日回収した。

質問紙　質問紙は，表紙と以下に示す設問・シナリオから構成された。表紙には，本研究が裁判員制度に関するアンケートであること，回答にあたっての注意点が記載された。裁判員制度と被害者参加制度が刑事裁判に導入された旨と，両制度の概要を冒頭に数行で示した後，被害者参加制度に対する賛否を尋ねた。次に，ある殺人事件の裁判員に選ばれたという想定でシナリオを読み，関連する設問に回答するよう求めた。

教示は他者・自己インパクト認知を測定する際に行った。質問紙の構成と具体的な設問内容，および教示内容は次の通りである。

なお，裁判員制度と被害者参加制度についての教示，および事件概要・裁判シナリオの内容は巻末資料（資料３）に添付した。

【被害者参加制度に対する態度とその理由】「あなたは，被害者参加制度につ

いてどのように考えますか」と７件法（「とても反対（１）」から「とても賛成（７）」まで：分析では逆転して用いた）で尋ねた。また「そうお考えになった理由をお聞かせください」と尋ね，自由記述での回答を求めた。

【事件概要】 石崎ら（2010）が作成した裁判映像を参考に，架空の殺人事件を提示した。内容は，被告人が，以前勤めていた会社の同僚から借金の返済を求められたことに腹を立て，あらかじめレンチを購入して待ち伏せ，相手の頭部を殴打して逃走し，被害者は死亡したというものである。被告人は罪状を認めている旨も記載された。

【裁判シナリオ】 裁判手続きのうち，「被告人弁護人による陳述」，「被害者（遺族）による被告人質問」，「検察官による論告・求刑」，「被害者（遺族）による論告・求刑」，「被告人弁護人による弁論」を記載した。類似事件での量刑相場にもとづき，検察官による求刑は12年とし，被害者は法定刑の上限である20年を求刑した。

【自己・他者インパクト認知】「被害者の発言に，あなた自身はどの程度心を動かされましたか」（「まったく動かされなかった（１）」から「大変動かされた（７）」までの７件法）と，「被害者の発言に，あなた以外の裁判員は，どの程度心を動かされると思いますか」（「まったく動かされない（１）」から「大変動かされる（７）」までの７件法）を尋ねた。

ここでは教示も行った。教示あり条件では，設問文中に参考事項として「昨年，当大学の学生約200名を対象に同様の調査を行った結果，７割を超える学生が“自分より他の裁判員の方が被害者の発言に影響されていると思う”と回答しました」と記載した。教示なし条件では何も記載しなかった。

【読み取り確認】 参加者が事件概要と裁判シナリオを読み，正しく理解していることを確認するため，「あなたは，被告人に対する処分をどのように判断しますか」（無罪・有罪）と尋ねた。被告人は罪状を認めているため「有罪」が正答となる。「無罪」と回答した参加者はいなかった。

【量刑判断】「あなたは，被告人に対してどのような量刑を下しますか。適当だと思う年数に１つ○をつけてください」と尋ねた（５年から20年の間で年単位）。

第三者効果の生起率　研究１・２と同じく，他者インパクト認知から自己インパクト認知を差し引いた値を算出したところ，146名のうち77名（52.74％）が正の値，43名（29.45％）が０，26名（17.81％）が負の値となった。約半数の参加者に，バイアスについての教示を行ったにもかかわらず，過半数が第三者効果を呈する結果となった。

バイアス教示と第三者効果　バイアス教示による第三者効果の低減可能性（仮説３）を検証するため，教示の有無を独立変数，他者・自己インパクト認知を従属変数とする混合要因分散分析を行った。その結果，他者・自己インパクト認知（F（１，142）＝35.95, p＜.001）の主効果はみられたが，バイアス教示（F（１，142）＝0.49, *ns.*）の主効果，および交互作用（F（１，142）＝0.09, *ns.*）は確認されなかった。他者インパクト認知の平均値は5.02（SD＝1.12），自己インパクト認知の平均値は4.28（SD＝1.52）であり，自己インパクト認知ははじめて理論的中点（４）を超えたものの，他者インパクト認知に比べるとなお小さいものであった。つまり，「認知バイアスである旨を伝える教示によって第三者効果は低減する」との仮説３は支持されなかった。この結果については，後述する４−４「第三者効果への介入」において，以降の研究とあわせて考察する。

自由記述の内容分析　被害者の裁判参加に対する否定的な態度は，「理性的」な裁判信念と「感情的」な被害者ステレオタイプによって，また他者インパクト肯定は「“感情的”な要素に影響される」との市民ステレオタイプに規定される，という仮説２−１・２−２を検討するため，被害者参加制度への賛否を尋ねた設問で，中点（４）以上の否定的な回答を行った参加者を対象に，自由記述の内容を分類した。分類は２名が別々に行い，記述内でもっとも強調されていると考えられる内容を優先して選択し，不一致分は協議の上で再分類した。その結果，「被害者の意見・感情を裁判で考慮するべきではない」，「被害者の発言は強い影響力をもつ」，「よく知らない」，「その他」，「未記入」という５つのカテゴリーが見いだされた。一致率はκ＝.96であった。各カテゴリーの具体例は表６の通りである。

記載例からは，第一に，客観的・公平・冷静であることが裁判には不可欠との信念を読み取ることができる。これは，「被害者の意見・感情を裁判で考慮

表 6．被害者参加制度への反対理由（自由記述）の分類（$n=78$）

カテゴリー（度数）	記載例
・被害者の意見・感情を裁判で考慮するべきではない（20）	「被害者の視点や意見は客観的ではないので，考慮する必要はあるが，裁判に参加するべきではないと思う」「当然客観性を失いがちになる被害者が参加することは公平であることが必要な裁判には不要だと思う」「被告人の権利が守られるべき場で感情的な要素が入ることへの危惧」「被害者や遺族の言葉に耳を傾けるのはよいが感情的な議論はいやだから」「感情論がはびこってしまうのはあまり好ましくないと思う」「感情的なものが入り込みすぎるのはやはり奨励されるべきではない」「裁判において被害者関係者の意見，感情などをくみとる必要はないと思う」
・被害者の発言は強い影響力をもつ（34）	「被害者に同情して判決や量刑を決定するのは法や裁判の本質ではないと思う」「被害者や関係者の意見に周りが流され公平な裁判が出来なくなる可能性がある。えん罪も成り立つ可能性がある」「判決に関わる人が被害者の感情に動かされすぎて客観的判断がしにくくなる可能性がある」「情に流されずに判決をくだせるか不明である」「一般市民である裁判員に対する影響は過大になってしまう恐れがある」「判決が同情などの感情に流されそう」「被害者が裁判員に対し感情的な訴えをして，裁判員の理性的な判断を妨げる危険がある」「裁判員が同情的になり量刑が重くなるのが避けられない」
・よく知らない（8）	「よく知らない」「制度について知識が少ない」
・その他（9）・未記入（7）	「被害者に酷である」

注）下線は筆者による。

するべきではない」，「被害者の発言は強い影響力をもつ」の両カテゴリーに共通して見いだされた。たとえば，「裁判はあくまでも客観的に事実を争うべきだと思う」，「公平な判断を裁判員ができなくなりそうなので」，「裁判における被害者参加は，過度に法律の中に感情をもちこむこととなり，公正な判決を得られない可能性がある」という記述は，裁判をめぐる素朴な信念が確かに存在することを示している。

第二に，感情的であり，客観的ではない要素を法廷にもちこむ，という被害者ステレオタイプの存在が見いだされた。このことは，「被害者は感情的になりすぎると思う」，「被害者はどうしても感情的になる」といった記述にみてとることができるだろう。

第三に，「感情的」な情報に影響されやすいという市民ステレオタイプの存在も確認された。それはたとえば，「被害者の感情に左右されて冷静さを失う可能性があるかもしれないと思った」，「裁判員の経験がないと，感情的に裁いてしまうおそれがあるから」といったコメントの中に見いだされる。

要約すると，被害者の裁判参加が反対され，また被害者の発言による他者インパクトが肯定される理由として，裁判・被害者および一般市民に対する固有の信念とステレオタイプが関わっていることが示唆された。具体的には，裁判をめぐる客観的，冷静さ，公平さといった「理性的」な信念が，また被害者については，「感情的」な要素を裁判にもち込む存在だというステレオタイプが存在し，また一般市民には，それらの要因に影響されやすい，流されやすいといったステレオタイプが付与されている可能性が示された。

被害者の裁判参加への否定的な態度から量刑判断までのパス解析　被害者の裁判参加に対する否定的な態度が，被害者の発言による自己インパクトの否認を介して量刑判断に及ぼす効果（仮説１）を検証した。被害者の裁判参加に対する否定的な態度から自己インパクト認知へのパス，さらに自己インパクト認知から量刑判断までのパスを引き，パス解析によってこれらの妥当性を検証した。その結果を図４に示す（$\chi^2(1) = 0.136$, *ns.*, $CFI = 1.000$, $NFI = .994$,

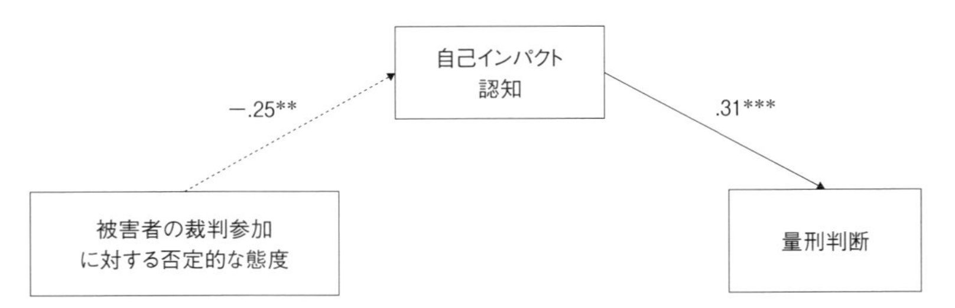

図４．被害者参加制度への否定的な態度から量刑判断までのパス解析

** $p<.01$, *** $p<.001$

注）実線は正の効果を，点線は負の効果を示す。

RMSEA = .000）。被害者の裁判参加に対する否定的な態度は，被害者の発言による自己インパクトの否認をもたらしており，これを介して量刑の抑制につながるという研究２の結果が，改めて確認された。

考察　被害者の裁判参加に否定的な態度をもつ人は，被害者の発言による自己インパクトを否認することを通じて，被告人に軽い量刑を下していることが見いだされた。この結果は，自己インパクト認知が量刑判断を規定しているという研究１・２の結果とも一致するものであり，被害者の裁判参加に対する態度が量刑判断に及ぼす効果，およびそのプロセスには一定の頑健性があると結論づけることができるだろう。

被害者の裁判参加が反対される理由は，被害者の意見や「感情」を裁判で考慮する必要はないという内容と，被害者の発言は聞き手の判断に影響するという内容に大別された。これらの内容は基本的に，被害者が裁判場面で「感情」をあらわにすること，人々の判断がそれに影響されることを所与とみなしており，このことから，被害者は「裁判に感情的要素をもち込む」というステレオタイプが，市民は「影響されやすい」というステレオタイプが付与されがちであることが示された。さらに，被害者の発言によって裁判員が「同情に流される」，「“理性的” な判断ができなくなる」，「冷静さを失う」ことが制度の反対意見とされる背景には，裁判に対して人々が抱いている素朴な信念——裁判は公平かつ冷静に，つまり「理性的」に行われるべき——が関わっている可能性を挙げることができる。

研究４ではこの点を掘りさげて，「理性的」な裁判信念と「感情的」な被害者ステレオタイプが強い人ほど，被害者の発言による自己インパクトを否認する，との仮説を検討する。

4.2.2. 研究 4

ここまでで明らかになったのは，被害者の発言に心を動かされることを否認する人々が多数存在すること，そして，被害者の裁判参加に否定的な人ほど量刑を抑制することである。さらに，被害者の裁判参加が否定的に受けとめられる理由として，「“理性的” であるべき」との裁判信念，および「“感情的” である」との被害者ステレオタイプが関わっていることが示唆された。研究４ではこの予測を直接検証するが，その際，シナリオではなく模擬裁判映像を使用して，より実際の裁判に近い状況を再現する。

仮説１：裁判員が被害者の発言に対して呈する第三者効果，とくに自己インパクト否認は，「理性的」な裁判信念と「感情的」な被害者ステレオタイプに規定される

もし，被害者の発言による自己インパクトの否認が，「“理性的”であるべき」との裁判信念に動機づけられた自覚的な反応だとすれば，自己インパクトを否認して第三者効果を呈する人は，そうでない人に比べて，自分の量刑判断は理性的だと考えているだろう。そのような人はまた，自分の量刑判断は他者のそれより理性的だと捉えているだろう。

仮説２−１：第三者効果を示す人はそうでない人に比べて，自己の量刑判断は理性的だと考えている 仮説２−２：第三者効果を示す人は，他者の量刑判断に比べて自己の量刑判断は理性的だと考えている

上記の予測では，「“理性的”に行われるべき裁判で，被害者の“感情的”な発言に心を動かされてはならない」という信念に駆動された動機づけの存在を仮定している。もしこの仮定が正しければ，「理性的」な裁判信念の効果を弱めるような情報を伝えることで，被害者の発言による自己インパクト否認は緩和する可能性がある。本研究では，一般市民の素直な感覚を司法に反映させる，という裁判員制度の目的教示を用いることで，「理性的」な裁判信念の効果を減じることができるか検討する。

仮説３：「市民の素直な感覚の反映を奨励する」という裁判員制度の目的教示により，自己インパクトは否認されなくなり第三者効果は解消する

参加者　都内にある国立・私立大学11校の学部生・大学院生72名（男性58名，女性14名，平均年齢20.86歳，$SD=1.53$）が実験に参加した。共同研究者である谷辺哲史氏の卒業論文研究として，同氏の知人などの協力を得た。

手続き　参加者を１名ずつ実験室に呼び，はじめに裁判員制度と被害者参加制度が刑事裁判に導入された旨と，数行にまとめた両制度の概要を書面で提示した後，裁判信念と被害者ステレオタイプを測定した。次に，ある殺人事件の裁判員に選ばれたとの想定で裁判映像をみるよう伝え，裁判概要（殺人事件である旨と求刑年数）を提示した。その後，裁判員制度の目的についての教示を行った。

目的教示あり条件では，裁判員制度の目的を書面で参加者に提示した。その内容は，「裁判員制度は市民の素朴な感覚や常識を裁判に取り入れることを目的に導入されました。今まで裁判官だけで行われてきた裁判にふつうの人々が参加することで，市民の素直な視点や感覚を反映した裁判になることが期待されています」というものであった。目的教示なし条件では何も提示しなかった。

次に，石崎ら（2010）が作成した模擬裁判映像（約10分の長さに編集したもの）をパソコンモニター上で提示し，関連する設問への回答を求めた。終了後，参加者にディブリーフィングを行い，謝礼を手渡した。

裁判員制度と被害者参加制度についての教示，裁判の概要，裁判員制度の目的についての教示，および裁判映像の内容は巻末資料（資料４）に添付した。

設問・裁判映像　設問や裁判映像の具体的な内容は次の通りである。

【裁判信念】「裁判では，事件関係者の感情的な意見も考慮すべきだ」を７件法（「まったくそう思わない（１）」から「とてもそう思う（７）」まで：分析では逆転して用いた）で尋ねた。

【被害者ステレオタイプ】「事件の被害者や遺族は，法廷で冷静に意見を述べることができる」を７件法（同上：分析では逆転して用いた）で尋ねた。

【裁判概要】 模擬裁判映像（架空の殺人事件）の概要を提示した。内容は，被告人が，以前勤めていた会社の同僚から借金の返済を求められたことに腹を立て，所持していたレンチで相手の頭部を殴打し，被害者を死亡させたというものである。

【裁判映像】 裁判手続きのうち，「冒頭陳述」，「被告人弁護人による被告人質問」，「被害者参加人（遺族）による被告人質問」，「検察官による論告・求刑」，「被告人弁護人による弁論」の部分を提示した。検察官による求刑は12年であった。冒頭陳述では，被告人が罪状を認めている旨が描写された。

【自己・他者インパクト認知】「被害者の発言に，あなた自身はどの程度心を動かされましたか」(「まったく動かされなかった（1）」から「とても動かされた（7）」までの7件法）と，「被害者の発言に，あなた以外の裁判員はどの程度心を動かされたと思いますか」(同7件法）を尋ねた。

【読み取り確認】参加者が裁判概要と裁判映像の内容を正しく理解していることを確認するため，「あなたは，被告人への処分をどのように判断しますか。適当だと思うものを1つ選んで，数字に○をつけてください」(無罪・有罪）と尋ねた。被告人は罪状を認めているため「有罪」が正答となる。「無罪」と回答した参加者はいなかった。

【自己・他者の量刑判断の理性度認知】被告人に対する量刑判断を尋ねた上，「あなたの量刑判断は，どの程度感情的あるいは理性的に判断したものだと思いますか」を7件法（「とても感情的だった（1）」から「とても理性的だった（7）」）で尋ねた。また他の裁判員が行うであろう量刑判断を尋ね，これについても同様の質問を行った。

【操作チェック】裁判員制度の目的教示の操作チェック項目として，「裁判員になった一般市民が，自分の素直な気持ちにしたがって判断することは，裁判員制度において奨励されていると思いますか」を尋ねた（「まったくそう思わない（1）」から「とてもそう思う（7）」までの7件法）。

目的教示の操作チェック　裁判員制度の目的教示の有無を独立変数，操作チェック項目を従属変数とする分散分析を行ったところ，目的教示なし条件（$M=3.94$, $SD=1.53$）と目的教示あり条件（$M=4.61$, $SD=1.54$）の間に有意（傾向）な差が確認された（$F(1, 70)=3.41$, $p=.07$）。教示による操作は概ね成功したと考えられる。

裁判信念・被害者ステレオタイプと自己インパクト認知　被害者の発言による自己インパクト認知は，「理性的」な裁判信念と「感情的」な被害者ステレオタイプに規定されるとの予測（仮説1）を検証するため，裁判信念と被害者ステレオタイプの評定値，およびこれらの交互作用項を独立変数，被害者の発言による自己インパクト認知を従属変数とする重回帰分析（強制投入法）を

表7．自己インパクト認知に対する裁判信念・被害者ステレオタイプの効果

標準偏回帰係数（β）	自己インパクト認知
「理性的」な裁判信念	$-.33^{**}$
「感情的」な被害者ステレオタイプ	$-.00$
裁判信念×被害者ステレオタイプ	.00
F	2.79^{*}
R^2	.11
$AdjR^2$	.07

$^{*}p<.05$, $^{**}p<.01$

行った。その結果，裁判信念の主効果が確認されたものの（$\beta=-.33$, $p<.01$），被害者ステレオタイプの主効果（$\beta=.00$, *ns.*），および交互作用（$\beta=.00$, *ns.*）は確認されなかった（表７）。

「理性的」な裁判信念と「感情的」な被害者ステレオタイプが，第三者効果そのものに及ぼす効果を検証するため，第三者効果の有無を従属変数（０＝第三者効果なし，つまり他者インパクト認知から自己インパクト認知を差し引いた値が負あるいは０；１＝第三者効果あり，つまり同上の値が正），「理性的」な裁判信念と「感情的」な被害者ステレオタイプを独立変数とする二項ロジスティック回帰分析を行った。その結果，やはり裁判信念の効果が有意であり（$\beta=.45$, $p<.05$, オッズ比＝1.57），「理性的」であるべきとの裁判信念が強い人ほど，第三者効果を示しやすいことが確認された。被害者ステレオタイプの効果はここでも確認されなかった（$\beta=-.05$, *ns.*, オッズ比＝0.96）。

以上の結果から，被害者の発言に対する第三者効果，とくに自己インパクト否認は，「理性的」な裁判信念と「感情的」な被害者ステレオタイプに規定されるという仮説１は，裁判信念の効果のみ支持されたといえる。

第三者効果と量刑判断の理性度認知　第三者効果を示す人とそうでない人が，他者・自己の量刑判断における「理性度」をどのように認知しているかを検討するため（仮説２−１・２−２），第三者効果の有無（無＝他者インパクト認知から自己インパクト認知を差し引いた値が負あるいは０；有＝同上の値が正）を独立変数，他者・自己の量刑判断における理性度認知を従属変数とする混合要因分散分析を行った。その結果，他者・自己の理性度認知の主効果（F

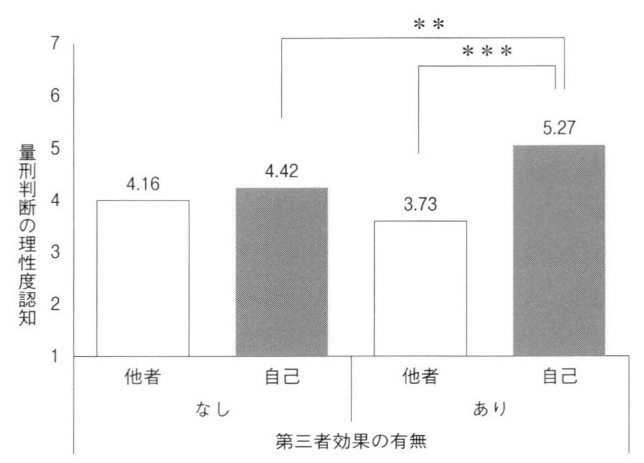

図５．第三者効果の有無と他者・自己による量刑判断の理性度認知
** $p<.01$, *** $p<.001$

（１，69）＝31.61, $p<.001$）と交互作用（F（１，69）＝15.84, $p<.001$）が有意であった。単純主効果を検討したところ（図５），第三者効果を示した人はそうでない人より，自分の量刑判断を理性的だとみなしていた（F（１，69）＝9.23, $p<.01$）。第三者効果を示した人はまた，自分の量刑判断は他者の量刑判断に比べても理性的だとみなしていた（F（１，69）＝86.12, $p<.001$）。第三者効果（有／無）の主効果は有意でなかった（F（１，69）＝0.75, *ns.*）。

裁判員制度の目的教示の効果　「市民の素直な感覚の反映を奨励する」という裁判員制度の目的教示により，自己インパクトが否認されなくなり第三者効果も解消するとの予測（仮説３）を検証するため，裁判員制度の目的教示（有／無）を独立変数，被害者の発言による他者・自己インパクト認知を従属変数とする分散分析を行った。その結果，他者・自己インパクト認知の主効果がみられ（F（１，70）＝76.32, $p<.001$），自己インパクト（M＝3.58, SD＝1.69）が他者インパクト（M＝4.90, SD＝1.14）よりいぜん小さく認知されていることが確認された。裁判員制度の目的教示の主効果（F（１，70）＝0.05, *ns.*），および交互作用（F（１，70）＝0.41, *ns.*）は有意でなかった。つまり仮説３は支持されなかった。この結果については，後述する４－４「第三者効果への介入」において，第三者効果の低減可能性を検討した他の研究とまとめて考察する。

第三者効果の生起率　他者インパクト認知から自己インパクト認知を差し引いた値を算出したところ，正の値となったのは52名（72.22％），0は18名（25％），負の値となったのは2名（2.78％）であった。参加者の約半数に裁判員制度の目的を伝えたにもかかわらず，参加者のおよそ7割が被害者の発言による自己インパクトを否認したことになる。生起率は，裁判シナリオを用いた研究2の値（74.85％）とほぼ同じであった。また理論的中点（4）との差をみても，他者インパクト認知（$M=4.90, SD=1.14$）はこれより有意に大きく（$t(71)=6.72, p<.001$），自己インパクト認知（$M=3.58, SD=1.69$）はこれより有意に小さいことが確認された（$t(71)=2.09, p<.05$）。

考察　以上の結果から導きだされるのは次の2点である。第一に，裁判員が被害者の発言による自己インパクトを相対的・絶対的に否認する現象は，映像刺激を用いた実験室実験でも確認された。映像刺激を用いた本研究と，シナリオを用いた他の研究における第三者効果の生起率は，ほぼ同程度であった。

第二に，被害者の発言による自己インパクト否認をもたらしているのは，「理性的であるべき」という裁判をめぐる信念であることが確認された。ここまでの研究からは，「理性的」な裁判信念と「感情的」な被害者ステレオタイプが被害者の裁判参加に対する否定的な態度を規定していることが，さらに，被害者の裁判参加に対する否定的な態度は自己インパクトの否認をもたらしていることが示唆されていた。しかし研究4では，このうち裁判信念のみが，自己インパクト否認に直接的な負の効果を有していることが確認されたわけである。裁判信念と被害者ステレオタイプの交互作用効果が得られなかった理由としては，「感情的である」という被害者ステレオタイプがひろく受容されている結果として，天井効果が生じていた可能性を挙げることができるだろう。被害者ステレオタイプの評定平均値は，5.10（$SD=1.18$）と理論的中点を超える高いものであった[25]。

ここまでの結果は，「理性的」な裁判信念をもつ人ほど被害者の発言による自己インパクトを否認しやすいことを示しており，自己インパクトの否認は「理性的」な裁判信念に動機づけられた結果である，との本書の予測を支持し

25　これに対して，裁判信念の評定平均値は4.36（$SD=1.39$）となっていた。

ている。実際,「理性的」な裁判信念が強い人ほど第三者効果を呈しやすく,また,第三者効果を呈する人はそうでない人に比べて,また他者よりも,自身の量刑判断を「理性的」とみなしていることが確認された。被害者の発言に対して第三者効果を示す人は,「理性的」な裁判信念を内在化させ,「理性的」に判断したいという動機に駆動されている可能性がある。

4.3.「理性的」な裁判信念が量刑判断に及ぼす間接効果

4.3.1. 研究 5

研究 4 で明らかになったのは,「裁判は“理性的”であるべき」との信念が強い人ほど被害者の発言による自己インパクトを否認することであった。研究1・2・3ではすでに,被害者の発言による自己インパクトを否認する人ほど量刑を抑制することが明らかになっている。そこで研究 5 では,これらの結果を統合し,「理性的」な裁判信念の強さが,被害者の裁判参加に対する否定的な態度,さらに被害者の発言による自己インパクトの否認を介して,量刑判断に負の効果をもたらすという一連のプロセスを検証する。それにより,ここまで確認されてきた抑制的な量刑判断プロセスが,「理性的」な裁判信念を端緒としたものであることが明らかになるだろう。さらに,研究 4 では,裁判信念を単項目で測定した点に課題を残しているため,研究 5 ではこの点を改善していきたい。

仮説 1 :「理性的」な裁判信念は量刑判断に間接的な負の効果を有している

研究 3 以降,第三者効果の低減可能性を明らかにする試みとして,自己インパクト否認を変容させるための複数の教示を操作してきたが,これまでのところいずれも成功していない。研究 5 では,被害者参加制度の目的に関する教示を行い,第三者効果,とくに自己インパクト否認が緩和されるかどうかについて検討する。事件の両当事者の言い分を聞くという被害者参加制度の趣旨を伝え,被害者の裁判参加を法的に正当化することによって,「理性的」な裁判信念と被害者の裁判参加は両立しうるとの認識が深まり,被害者の発言による自己インパクトは否認されにくくなると考えたからである。

> 仮説２：「裁判がより公平なものとなる」という被害者参加制度の目的教示によって，自己インパクトは否認されなくなり第三者効果は解消する

参加者と手続き　都内にある国立大学２校の学部生95名（男性33名，女性61名，不明１名，平均年齢19.26歳，$SD=0.72$）がシナリオ実験に参加した。「犯罪や裁判に関する意識調査」と題した質問紙を，「心と社会」「社会心理学実験実習Ⅱ」の講義中，実験実施に同意した人に配布し，その場で回収した。

質問紙　質問紙は，表紙と以下に示す設問・シナリオから構成された。表紙には回答にあたっての注意点を記載した。冒頭で裁判信念を測定し，次いで，裁判員制度と被害者参加制度が刑事裁判に導入された旨と，両制度の概要を数行で示した。その後，目的教示あり条件では，被害者参加制度の目的（「被害者参加制度が導入される前，裁判は“被告人（加害者）と弁護士”“検察官”“裁判官”から構成されていました。事件の両当事者の言い分に耳を傾けるため，この制度によって，裁判に“被害者や遺族，弁護士”が加わることになりました」）を提示した。目的教示なし条件では何も示さなかった。この教示の操作チェック項目の後，被害者参加制度に対する態度を尋ねた。

次に，ある傷害致死事件の裁判員に選ばれたという想定でシナリオを読み，関連する設問に回答するよう求めた。質問紙の構成と具体的な設問内容は次の通りである。

裁判員制度と被害者参加制度についての教示と，被害者参加制度の目的に関する教示，および事件概要・裁判シナリオの内容は巻末資料（資料５）に添付した。

【裁判信念】「裁判官／員の判断は，事件関係者の感情的な意見に影響されるべきではない」，「裁判では，理性的・客観的な判断だけが求められる」を７件法（「まったくそう思わない（１）」から「とてもそう思う（７）」）で尋ねた（$r=.62, p<.001$）。

【操作チェック】被害者参加制度の目的教示による操作の有効性を確認するため，「被害者参加制度によって，裁判の公平さはどのようになったと思いますか」を７件法で尋ねた（「まったく公平でなくなった（１）」から「とても公

平になった（7）」)。

【被害者参加制度に対する態度】「被害者参加制度について，あなたはどのように思いますか」を7件法で尋ねた（「とても反対（1）」から「とても賛成（7）」まで：分析では逆転して用いた）。

【事件概要】 研究2でも使用した，架空の傷害致死事件の概要を提示した。被告人が，以前勤めていた会社の同僚と借金をめぐってトラブルとなり，所持していた果物ナイフで被害者の腹部を刺し，死に至らしめたというものである。被告人は罪状を認めている旨も記載された。

【裁判シナリオ】 裁判手続きのうち，「被告人弁護人による陳述」，「被害者（遺族）による被告人質問」，「検察官による論告・求刑」，「被害者（遺族）による論告・求刑」，「被告人弁護人による弁論」を記載した。類似事件での量刑相場にもとづき，検察官による求刑は12年とし，被害者は法定刑のうち「一番重い刑」を希望すると述べた。

【自己・他者インパクト認知】「被害者の発言に，あなたはどの程度心を動かされましたか」（「まったく動かされなかった（1）」から「とても動かされた（7）」までの7件法）と，「被害者の発言に，あなた以外の裁判員は，どの程度心を動かされたと思いますか」（同7件法）を尋ねた。

【読み取り確認】 参加者が，事件概要と裁判シナリオを読み正しく理解していることを確認するため，「あなたは，被告人の処分をどのように判断しますか」（無罪・有罪）を尋ねた。被告人は罪状を認めているため「有罪」が正答となる。「無罪」と回答した2名のデータを除外した（前掲した参加者の人数と属性は除外後のものである）。

【量刑判断】「あなたは，被告人にどのような量刑を下しますか。適当だと思う年数に1つ○をつけてください」と尋ねた（3年から20年の間で年単位）。

目的教示の操作チェック　被害者参加制度の目的教示の有無を独立変数，操作チェック項目を従属変数とする分散分析を行ったところ，目的教示なし条件（$M=3.81, SD=1.09$）と目的教示あり条件（$M=4.33, SD=0.94$）の間に有意差が確認された（$F(1, 93)=6.62, p<.05$）。教示による操作は成功したといえるだろう。

第三者効果と量刑判断　はじめに第三者効果，とくに自己インパクト認知と量刑判断の関連性を確認するため，被害者参加制度の目的教示なし条件のデータに限定して，第三者効果を独立変数，量刑判断を従属変数とする回帰分析を行った（表８）。第三者効果は量刑判断に負の効果（有意傾向）を有しており，被害者の発言に対する第三者効果が大きくなるほど量刑は抑制されることが改めて確認された。

次に，同じく被害者参加制度の目的教示なし条件を対象に，他者・自己インパクト認知を独立変数，量刑判断を従属変数とする重回帰分析（強制投入法）を行ったところ（表８），他者インパクト認知の効果はみられず，自己インパクト認知が量刑判断に正の効果をもつことが確認された。自己インパクト認知が量刑判断を規定するという研究１から３の結果が追証された。

裁判信念を起点とする量刑判断プロセス　次に，「理性的」な裁判信念が，被害者参加制度に対する否定的な態度，さらに被害者の発言による自己インパクト否認を媒介して，量刑判断に負の効果をもたらすプロセスを検証するため，被害者参加制度の目的教示の有無別にパス解析を行った（図６：$\chi^2(6)=3.80$, *ns.*, $CFI=1.000$, $NFI=.858$, $RMSEA=.000$）。

被害者参加制度の目的教示なし条件では，研究２・３と同じく，被害者参加制度への否定的な態度が自己インパクト否認を媒介して，量刑判断に負の効果をもたらしていることに加えて，「理性的」な裁判信念から被害者参加制度に対する態度へのパスも有意傾向となっていた。つまり，「理性的」な裁判信念

表８．量刑判断に対する第三者効果，他者・自己インパクト認知の効果

標準偏回帰係数（β）	量刑判断 （被害者参加制度の目的教示なし条件）	
第三者効果（－６～＋６）	－.27†	－
他者インパクト認知	－	－.01
自己インパクト認知	－	.36*
F	3.67†	3.36*
R^2	.07	.13
$AdjR^2$	.05	.09

†$p<.10$, *$p<.05$

被害者参加制度の目的教示なし条件

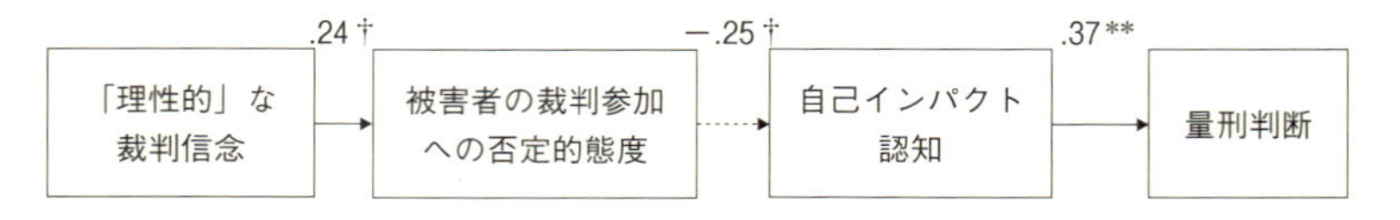

被害者参加制度の目的教示あり条件

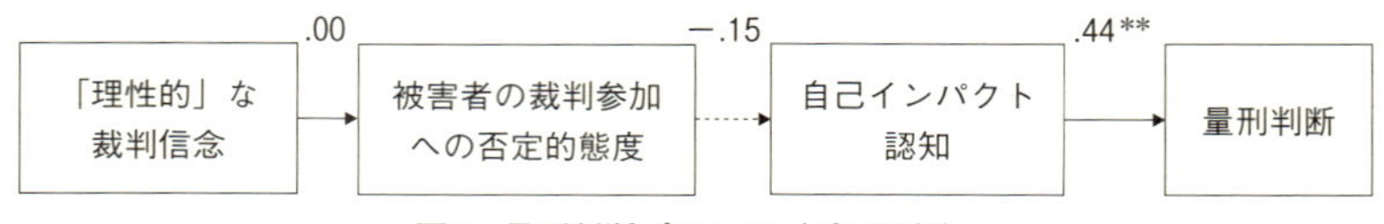

図6．量刑判断プロセス（パス解析）

$^{\dagger}p<.10$, $^{**}p<.01$

注1）値は標準偏回帰係数である。

注2）実線は正の，点線は負の効果を示す。

が強い人ほど被害者の裁判参加に反対し，被害者の発言による自己インパクトの否認を介して量刑を抑制する，という予測通りのプロセスが明らかになった。「理性的」な裁判信念は確かに，量刑判断に間接的な負の影響を及ぼしているといえるだろう。

これに対して，被害者参加制度の目的教示を行った条件では，「理性的」な裁判信念から自己インパクト認知までのパスが有意でなくなった。強い裁判信念をもっている人であっても，ひとたび被害者参加制度の目的を説明されれば，必ずしも被害者の発言による自己インパクトを否認しなくなるものと考えられる。この条件では，自己インパクト認知から量刑判断への正のパスのみが有意となっていた。被害者参加制度が，事件の両当事者の言い分を公平に聞くための制度だと説明されてはじめて，人々は「理性的」な裁判信念に左右されることなく被害者の発言に耳を傾けるようになったのだろう。

以上の結果から，「理性的」な裁判信念は量刑判断に間接的な負の効果を有している，という予測（仮説1）は，被害者参加制度の目的教示なし条件において支持されたといえる。

目的教示の効果　次に，被害者参加制度の目的教示による自己インパクト認知の変容可能性を検討するため（仮説2），目的教示（有／無）と他者・自己インパクト認知の混合要因分散分析を行った。目的教示（F（1，93）=1.02,

保育の心理学［第3版］ 子どもたちの輝く未来のために 相良順子他著　1800円	写真や事例、章末課題で楽しく学べる保育士・幼稚園教諭養成の好評テキスト。保育所保育指針の改定に対応、さらにわかりやすく改訂。
保育のための心理学ワークブック 小平英志・田倉さやか編　1800円	保育のための発達心理学や教育心理学の内容を４コママンガと実践ワークで楽しく学ぶ。生き生きとした子どもの姿をつかもう！
保育教諭のための指導計画と教育評価 山本睦著　2000円	作成技術と評価の方法と工夫を、ワークシートに記入することで感覚的に理解し、身につける。不得意を得意にすると保育が変わる！
保育者のためのコミュニケーション・ワークブック 千古利恵子他著　1800円	保育の知識だけでは通用しない保育者のリアル。実習時はもちろん就職後の先生方、保護者とのやりとりも安心できる社会人基礎力を磨く。
保育者の力量を磨く コンピテンス養成とストレス対処 金子智栄子他著　1800円	保育者の力量とは何なのか、そしてどう高めるのか。３つの手段を基に、計画、実践、省察の繰り返しで質の高い保育を目指す方法を紹介。
保育環境における「境の場所」 境愛一郎著　7000円	屋内と屋外をつなぐ「境の場所」となるテラスは子どもにとってどのような場所であるのか。質的な分析からその機能と特質を探る。
特別の支援を必要とする子どもの理解 共に育つ保育を目指して 勝浦眞仁編　2000円	教職課程コアカリキュラム、保育士養成課程対応テキスト。事前課題が演習形式の授業にも役立ち、豊富な図表と事例で生き生きと学べる。
福祉心理学の世界 人の成長を辿って 中山哲志他編　2100円	ライフサイクルの中で、また家庭や社会の中で繰り返し現れてくる様々な違和に果敢に取り組み、ウェルビーイングを目指す心理学の役割。
「生きづらさ」に寄り添う〈支援〉 鮫島輝美著　4800円	病や障害などにより支援が必要な社会的弱者となっても安心して生活できる支援とはどのようにあるべきか。フィールドワークから考える。
実践的メタ分析入門 戦略的・包括的理解のために 岡田涼・小野寺孝義編著　2800円	先行研究データを自らのデータに組み込むことで結論の再現性・客観性を担保するための方法＝メタ分析の下準備から応用研究までを解説。
心理学・社会科学研究のための構造方程式モデリング Mplusによる実践　基礎編 村上隆・行廣隆次監修　3800円	多変量解析の包括的な枠組みである構造方程式モデリングを基本原理から丁寧に解説し、実際の研究への応用指針まで示した必携の入門書。
心理統計のためのSPSS操作マニュアル t検定と分散分析 金谷英俊他著　2500円	心理学分野における統計解析を学習者が自力で実施できるように、分析の種類ごとに具体的な例題を取り上げ、操作画面から丁寧に説明。
Rで分散分析 渡辺利夫著　2800円	計算のアルゴリズムはもちろんのこと解析中の計算結果の流れをデータ表で示し、統計解析の理屈が手に取るように把握できるように記述。

犯罪心理学 再犯防止とリスクアセスメントの科学 森丈弓著　4600円	再犯研究、リスクアセスメント理論、分析ツールの構成手続きまで総合的に解説。矯正現場での経験を踏まえた筆致で実務家にも役立つ。
天地海人 防災・減災えっせい辞典 矢守克也著　1700円	いつ起こるかわからない自然災害に常に備える心構えと災害後の未来に勇気を与える、天・地・海・人４部のエッセイとキーワード。
アジアの質的心理学 日韓中台越クロストーク 伊藤哲司他編　2500円	日本で盛り上がりを見せる質的心理学だが、近隣のアジアではどのような研究が行われているのか。クロストークを交えて紹介。
パーソナリティ心理学入門 ストーリーとトピックで学ぶ心の個性 鈴木公啓他著　2000円	馬田人工知能研究所へようこそ！博士とヒューマノイド、研究者のキムとジョージのストーリーから、パーソナリティ心理学を楽しく学ぶ。
心理臨床の視座の転換をめざして 倉戸ヨシヤ著　2000円	臨床における神秘的体験の記述、怒り、弱さ、包括的心理療法、震災時ケアの考察など、日本のゲシュタルト療法の第一人者の論考を集約。
基礎から学ぶ心理療法 矢澤美香子編　2600円	初学者が広く心理療法にふれ、その基礎を学べるよう、統一された構成で、それぞれの心理療法の歴史や理論、技法などバランスよく解説。
心の専門家養成講座　第１巻 **臨床心理学実践の基礎 その1** 森田美弥子・金子一史編　2500円	「心の専門家」としてクライエントと出会い、かかわるとはどういうことなのか。第１巻では、心理臨床の基礎と面接の実際を解説する。
心の専門家養成講座　第２巻 **臨床心理学実践の基礎 その2** 金井篤子・永田雅子編　2800円	心理面接の展開や取組姿勢、技法や背景理論を丁寧に解説し、実践の始めとなる様々な領域の実習も紹介する、心理面接の基礎テキスト。
心の専門家養成講座　第３巻 **心理アセスメント 心理検査のミニマム・エッセンス** 松本真理子・森田美弥子編　3500円	心理臨床領域ごとに専門家として知っておきたい計71の心理検査（質問紙）について、歴史的背景から実施・分析方法まで解説する。
心の専門家養成講座　第７巻 **学校心理臨床実践** 窪田由紀・平石賢二編　3000円	公認心理師や「チームとしての学校」等、転換期にある学校心理臨床。その歴史や基礎理論、今日の学校現場に即した実践を具体的に解説。
心の専門家養成講座　第８巻 **産業心理臨床実践** 金井篤子編　3100円	産業領域で働く人々の心の問題の複雑化に心の専門家はどう対応できるか。理論的背景と基礎知識、実践内容も豊富に体系的に解説する。
傾聴・心理臨床学アップデートとフォーカシング 池見陽編　2800円	相手の話を追体験する過程に何が起こっているのだろうか。話し手と聴き手の双方に機能している「鏡」はどう在るのか。
人とのつながりとこころ 人と社会を見通す心理学 今川民雄・山口司・渡辺舞編　2200円	日常の気になる光景に社会心理学・臨床心理学から分かりやすい考察を加えることで、知らず知らずに科学的・学問的な態度が身につく。

ゲームと対話で学ぼう Thiagiメソッド 吉川肇子・Thiagarajan著　2200円	世界的なゲームデザイナーティアギの教育ゲームを日本初紹介！アクティブラーニングへのゲームの導入に最適なテキスト。新しい授業へ。
大学生からのグループ・ディスカッション入門 中野美香著　1900円	就職活動や職場での会議のために、グループ・ディスカッションのスキルを具体的に高めるテキスト。書き込み便利なワークシート付き。
チームで取り組む生徒指導・教育相談 事例を通して深く学ぶ・考える 石川美智子著　2700円	児童生徒のためのチーム援助――それは教師と多様な専門家が協力すること。教師を目指す人や現場の教員に役立つテキストの新装改訂版。
教師の協同を創るスクールリーダーシップ 杉江修治・石田裕久編　2200円	すべての学校管理職と管理職を支える先生方に捧ぐ、学校を変えた5人の校長の物語。学校現場を変革していくプロセスを具体的に紹介。
教師の協同を創る校内研修 チーム学校の核づくり 杉江修治・水谷茂著　1800円	挑戦が許され新しいアイデアが生まれる活気あふれる教師の姿が日常的に見られる学校へ。それぞれの学校で取り入れられるヒントが満載。
協同学習を支えるアセスメントと評価 ジョンソン他著／石田裕久訳　2800円	協同的な学びやアクティブ・ラーニングとその成果をどのように評価すべきかを具体的・包括的に解説した、アセスメントと評価の入門書。
コーチング心理学概論 西垣悦代・堀正・原口佳典編　2800円	ビジネス、キャリア、医療など幅広い領域で注目されるコーチング。その対人支援のコーチング心理学の歴史や理論、実践を解説する。
経営・ビジネス心理学 松田幸弘編著　2500円	産業・組織心理学の部門、組織行動・作業・人事・消費者行動に対応した構成で各々の問題を網羅。基礎から研究動向まで踏まえた決定版。
社会心理学概論 北村英哉・内田由紀子編　3500円	古典的トピックから進化や脳科学など第一線のトピックまで。各章古典的知見から最新の研究まで網羅的に解説。社会心理学の全貌。
社会心理学におけるリーダーシップ研究のパースペクティブⅡ 坂田桐子編　4500円	ダイバーシティやリーダーの倫理性と破壊性など日本社会で関心の高いトピックをはじめ、ここ10年間ホットな９つのトピックを紹介。
互恵性の心理を通して抑止する社会的迷惑行為 友野聡子著　4300円	迷惑行為者に好意的に接し、良いことには良いことでお返ししたいという互恵性の心理を喚起することの重要性を社会心理学から提言。
住民と行政の協働における社会心理学 市民参加とコミュニケーションのかたち 髙橋尚也著　5700円	地域において住民が公共的役割を担っていくために――住民と行政との間のコミュニケーションに関わる心理学要因を分析、検証する。
リスク・コミュニケーションの思想と技術 共考と信頼の技法 木下冨雄著　3500円	コミュニケーション技術だけではなく、その背景の思想や価値観、実際の設計、効果と評価、コミュニケーターの養成などを深く展開。

ns.）の主効果と交互作用（F（1，93）= 0.57, *ns.*）は有意でなく，他者・自己インパクト認知（F（1，93）= 5.92, $p < .001$）の主効果のみが有意となった。つまり，「裁判がより公平なものとなる」という被害者参加制度の目的教示によって，自己インパクトは否認されなくなり第三者効果も解消する，という仮説2は支持されない結果となった。教示にかかわらず，自己インパクト（M = 3.62, SD = 1.48）はなお他者インパクト（M = 4.68, SD = 0.94）より小さく認知されていた。教示の効果に関する考察は，これ以外の教示の結果とあわせ，後述する4－4「第三者効果への介入」で行うこととする。

なお，他者インパクト認知から自己インパクト認知を差し引いた値が正になったのは60名（63.16％），0が26名（27.37％），値が負であったのは9名（9.47％）であり，被害者参加制度の目的教示を約半数に対して行ったにもかかわらず，参加者の6割超が第三者効果を呈していることが確認された。

考察　量刑判断を規定しているのは，他者インパクト認知ではなく自己インパクト認知であることが再び確認された。研究5ではまた，裁判をめぐる「理性的」な信念の強さが，被害者の裁判参加に対する否定的な態度，さらに被害者の発言による自己インパクトの否認を媒介して，量刑を抑制する効果をもつことが明らかになった。これらの結果が示しているのは，第一に，被害者の発言による自己インパクトを否認し，被告人に科す量刑を抑制するという，ここまで一貫して得られてきた一連のプロセスは，明文化されていない社会通念によって駆動されていることであり，第二に，この社会通念は間接的に量刑判断を抑制する効果を有していることである。

以上でみてきたように，「理性的」な裁判信念ゆえに，仮想の裁判員は，被害者の発言に対する自己インパクトを直接的にも間接的にも否認することが研究4・5から明らかになった。ただし，これらの結果は代替解釈の可能性をなお残している。それは，自己インパクトが否認されたのは，自己抑制の結果ではなく，実際に心を動かされなかったためだという解釈がまだ残されているからである。そのため研究6では，「“理性的”でありたい」という個人の動機がここまでに得られた一連のプロセスに確かに介在していることを検証したい。

研究6ではまた，「感情的」な発言による自己インパクトの否認という反応が，どの範囲まで一般化しうるのか検討する。具体的には，自己インパクトの否認は，被害者の発言に対してのみ生じるのか，それとも，伝統的に裁判実務の一端を担ってきた検察官の発言に対しても生じるのかを明らかにする。

さらに，ここまでの研究はすべて，主として学部生・大学院生を対象としており，得られた結果の普遍性については課題が残されている。サンプルの違いは本質的な問題ではないとの指摘もあるが（Salerno & Bottoms, 2009），日本におけるサンプル比較の前例はないことから，結果の一般化にはやはり慎重を期すべきであろう。とりわけ都内国立大学の学生を主たる対象とした研究については，得られた結果に一般性があるのかどうか，別のサンプルで追試する必要がある。研究６ではこの点を考慮し，対象を一般の人々に拡張することで結果の普遍性を確認したい。

4.3.2. 研究 6

本研究では，研究５において確認された「理性的」な裁判信念から量刑判断に至るプロセスを，個人の動機という観点から検討する。具体的には，「理性的」な裁判信念が強い人ほど「“理性的”に判断したい」という動機を強め，被害者の発言による自己インパクトを否認するとともに量刑を抑制する，という一連のプロセスを明らかにする。

仮説１：「理性的」な裁判信念は，「理性的」な判断動機を介して，自己インパクト認知と量刑判断を抑制する

ここまでくり返し確認されてきた自己インパクト否認という現象は，裁判場面でなされる「感情的」な発言全般に対して生起するのだろうか。それとも，被害者の発言に固有の現象なのだろうか。

2008年に始まった被害者参加制度は，被害者や被害者の弁護士が，被告人質問，証人尋問や論告・求刑することを認めてはいるものの，原則的には，被害者に代わって検察官がこれらを行うものと規定している。いい換えると，検察官が被害者を代弁することが推奨されているわけである。被害者自身が発言するのか，それとも検察官が代弁するのか，裁判員にとってこの違いは字面以上の意味をもつだろう。検察官は司法試験に合格した司法の専門家であり，伝統的に刑事裁判の中で訴訟当事者の一翼を担ってきた存在である。訴訟活動の一環として行われるその発言を，裁判員が「望ましくない」と認識し，自己へのインパクトを否認することは考えにくい。

しかし，これとはまた別の予測を立てることも可能だろう。「理性」と「感情」をめぐる人々の対立的な理解がいたって強固なものだとすれば，法廷でなされる「感情的」な発言一般に対し，その発言者が誰であるかにかかわらず，第三者効果は生起しうるからである。その場合，「理性」対「感情」という素朴な理解の枠組みは，検察官に付与される権威や専門性を上回って，裁判員の認知や判断に影響を及ぼしうることになる。第三者効果は被害者の発言に固有なのか否かという問いは，司法実務において一定の重要性を帯びた論点であるため，本研究では発言者の属性（被害者／検察官）を操作することでこれを検証する。

仮説２：被害者の心情を代弁した検察官の発言に対しても第三者効果は生起する

本研究では一般の人々に協力を求めることとし，これまで得てきた結果の一般性についても検討したい。

参加者と手続き　株式会社クロス・マーケティングにパネル登録している，20歳から69歳までの全国に居住する390名（男性185名，女性205名，平均年齢44.03歳，$SD = 13.82$）が，「犯罪や裁判に関する意識調査」と題したオンライン上のシナリオ実験に参加した。参加者の職業内訳は，「会社勤務（一般社員）」90名（23.08%），「専業主婦」81名（20.77%），「パート・アルバイト」48名（12.31%），「無職」44名（11.28%），「公務員・教職員・非営利団体職員」29名（7.44%），「会社勤務（管理職）」25名（6.41%），「派遣社員・契約社員」19名（4.87%），「自営業（商工サービス）」および「専門職（弁護士・税理士等・医療関連）」各14名（各3.59%），「学生」13名（3.33%），「会社経営（経営者・役員）」および「SOHO」各３名（各0.77%），「農林漁業」１名（0.26%），「その他の職業」６名（1.54%）と多岐にわたっていた。

設問・シナリオ　冒頭に，裁判員制度と被害者参加制度が刑事裁判に導入された旨と，両制度の趣旨を数行で提示し，次いで裁判信念と動機を測定した。その後，ある殺人事件の裁判員に選ばれたという想定でシナリオを読み，関連する設問に回答するよう求めた。具体的な設問内容とシナリオは以下の通りである。

裁判員制度と被害者参加制度についての教示，および事件概要・裁判シナリオの内容は巻末資料（資料６）に添付した。

【裁判信念】「裁判官／員は，理性的で冷静な判断を下すことが求められている」，「裁判では，証拠にもとづいた客観的な判断が下される必要がある」を７件法（「まったくそう思わない（１）」から「とてもそう思う（７）」）で尋ねた（$r=.68$, $p<.001$）。

【動機】 はじめに，「あなた自身が，裁判員制度と被害者参加制度がともに適用される裁判に，裁判員として参加するとしたら，どのような態度でのぞみたいですか」というリード文を示し，「理性的で冷静な判断を下したい」，「証拠にもとづいた客観的な判断を下したい」，「同情や嫌悪などの感情にもとづく判断は避けたい」，「事件関係者の感情的な意見に左右されないようにしたい」という計４項目を測定した（「まったくそう思わない（１）」から「とてもそう思う（７）」：$\alpha=.93$）。

【事件概要】 研究２とほぼ同じ，架空の殺人事件の概要を提示した。被告人が，以前勤めていた会社の同僚と借金をめぐってトラブルとなり，あらかじめレンチを購入して待ち伏せた上，相手の頭部を殴打して被害者を死亡させたというものである。被告人は罪状を認めている旨も記載された。

【裁判シナリオ】 裁判手続きのうち，「被告人弁護人による陳述」，「被害者（遺族）／検察官による被告人質問」，「被害者（遺族）／検察官による論告・求刑」，「被告人弁護人による弁論」を記載した。類似事件での量刑相場にもとづき，検察官による求刑は13年とし，被害者は死刑を希望する旨を述べた。

【読み取り確認】 参加者が事件概要と裁判シナリオを読み，正しく理解していることを確認するため，「あなたは，被告人の処分をどのように判断しますか」（無罪・有罪）と尋ねた。被告人は罪状を認めているため「有罪」が正答となる。「無罪」と回答した16名のデータを除外した（前掲した参加者の人数と属性は除外後のものである）。

【量刑判断】「あなたは，被告人にどのような量刑を下しますか。適当だと思う年数に１つ○をつけてください」と尋ねた（５年から20年の間で年単位）。

【自己・他者インパクト認知】「検察官／被害者の発言に，あなたはどの程度心を動かされましたか」(「まったく動かされなかった（1）」から「とても動かされた（7）」までの7件法）と，「検察官／被害者の発言に，あなた以外の裁判員は，どの程度心を動かされたと思いますか」(同7件法）を尋ねた。

裁判信念を起点とする量刑判断プロセス　「理性的」な裁判信念が，「理性的」な判断動機，さらに被害者ないし検察官の発言による自己インパクトの否認を媒介して，量刑判断を抑制するプロセスを，発言者（被害者／検察官）別にパス解析によって検討した（図7：χ^2（6）= 6.09, *ns.*, *CFI* = .999, *NFI* = .968, *RMSEA* = .006)。被害者発言条件では，予測通り「理性的」な裁判信念が，「理性的」な判断動機と自己インパクトの否認を介して，量刑判断に負の効果をもつ傾向が確認された。「理性的であるべき」との裁判信念が強い人ほど，「理性的でありたい」と動機づけられて，被害者の発言による自己インパクトを否認し，被告人に科す量刑を抑制していることが明らかになった。この結果は，「理性的」な裁判信念にもとづいて量刑が抑制されるプロセスが，個人の意識的・自覚的な努力によるものであることを示している。

検察官発言条件では，「理性的」な裁判信念から動機へのパスは有意であったものの，ここから量刑判断までのパスは有意でないことが確認された。「理

被害者発言条件

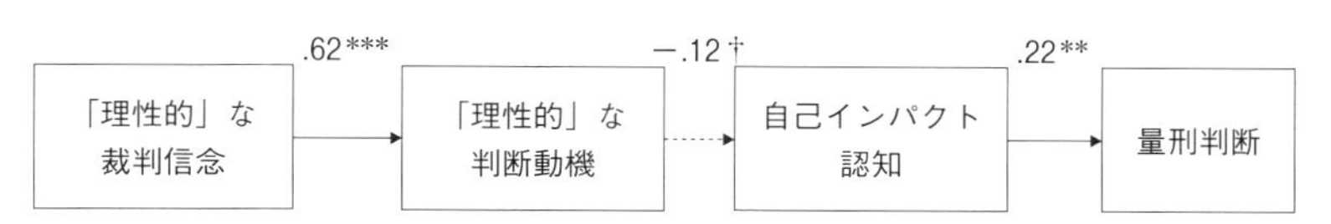

検察官発言条件

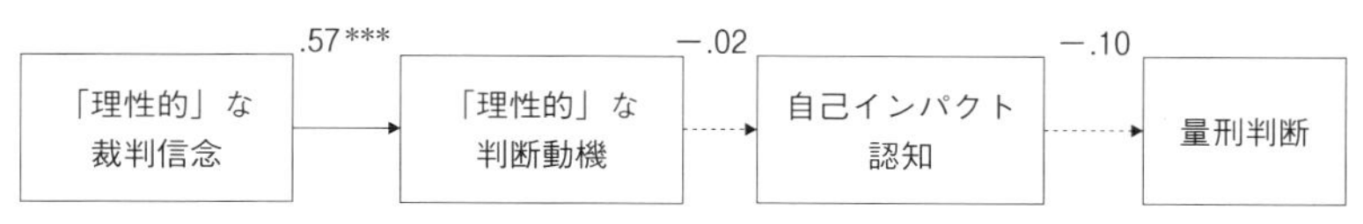

図7．　量刑判断プロセス（パス解析）

†p<.10, **p<.01, ***p<.001.
注1）値は標準偏回帰係数である。
注2）実線は正の，点線は負の効果を示す。

性的」な裁判信念と動機が強い人であったとしても，検察官の発言に対しては，被害者が発言するときのような自己抑制的な反応は生じないといえるだろう。

発言者と第三者効果　被害者を代弁する検察官の発言に対しても第三者効果は生起する，という予測（仮説２）を検討するため，発言者の属性（被害者／検察官）と他者・自己インパクト認知の混合要因分散分析を行った（図８）。その結果，他者・自己インパクト認知（$F(1, 386) = 104.59$, $p < .001$）と発言者（$F(1, 386) = 17.05$, $p < .001$）の主効果，および交互作用（$F(1, 386) = 15.96$, $p < .001$）が有意であった。単純主効果の検定を行ったところ，検察官発言条件（$F(1, 386) = 19.62$, $p < .001$）と被害者発言条件（$F(1, 386) = 100.09$, $p < .001$）ともに，発言による自己インパクトは他者インパクトより小さく認知されていた。また，他者インパクト（$F(1, 386) = 4.74$, $p < .05$），自己インパクト（$F(1, 386) = 25.31$, $p < .001$）ともに，検察官発言条件より被害者発言条件で小さく認知されていた。

第三者効果の生起率を確認したところ，他者インパクト認知から自己インパクト認知を差し引いた値が正であったのは137名（35.31％），０が221名（56.96％），負の値であったのは30名（7.73％）であった。第三者効果の生起率

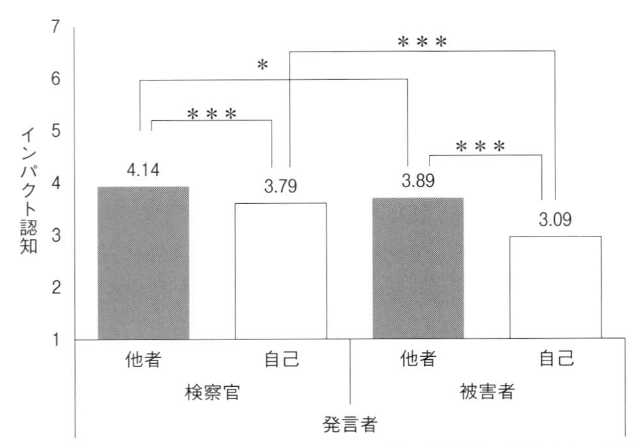

図８．他者・自己インパクト認知に対する発言者（検察官／被害者）の効果
$^{*}p < .05$, $^{***}p < .001$

はほじめて過半数を割り込む結果となった。

考察　「理性的」な裁判信念は，「“理性的”に判断したい」という動機を介して，被害者の発言による自己インパクト認知と量刑判断を抑制していた。この結果から，被害者の発言による自己インパクトが否認されるのは，「理性的」な裁判信念をもつ人々が，単に心を動かされにくいからではなく，「理性的でありたい」と自覚的にふるまっているためだと結論づけることができるだろう。

一般の人々を対象に行った本研究では，第三者効果を呈する人の割合が減少した。その一因としては，約半数の参加者に，被害者ではなく検察官の発言を提示したことが挙げられるだろう。実際，検察官が発言した場合，他者・自己インパクト認知の差は，被害者が発言した場合に比べて小さくなっていることがみてとれる。また，これとは別の要因として，参加者の教育程度が影響している可能性もある。先行研究（Rucinski & Salmon, 1990；Tiedge et al., 1991）では，教育程度の高い人ほど他者インパクトを肯定することが明らかになっている。大学生を中心とする研究1から5の参加者は，本研究の参加者に比べ，相対的に教育程度が高い人々だといえる。彼らは被害者の発言による他者インパクトを，一般の人々より肯定しやすいため，第三者効果の生起率は本研究より高くなったものと考えられる。

ただし，「理性的」な裁判信念の強さが，被害者の発言による自己インパクトの否認を介して，量刑判断を抑制するというプロセスそのものは，一般の人を対象とした本研究と，大学生を対象とした研究5において同一の結果が得られている。このことから，参加者の属性によって第三者効果の生起率は変動するものの，「理性的であるべき」という裁判信念によってもたらされる自己抑制的な量刑判断プロセスそのものは，参加者の属性にかかわらず見いだされるといえるだろう。

4.4. 第三者効果への介入

第三者効果，とくに自己インパクト否認がなぜ，どのようなときに起きるのかを明らかにする上では，その低減可能性を把握することが有益である。どのような条件下であれば第三者効果は低減・解消するのかを特定できれば，同現象を体系的に捉えることができるだろう。こうした理由から，研究３・４・５では教示によって，また研究６では発言者の属性によって，自己インパクト否認の低減可能性を検討した。

バイアス教示（研究３）　研究３で参加者に示したのは，「多くの人は“自分より他者の方が影響される”と考える傾向にある」という事実であった。工藤（2003）やプローニンら（Pronin & Schmidt, 2013）によれば，認知バイアスが解消されにくいのは，人々が自身のバイアスに無自覚であるからだという。したがって，本人が自らのバイアス脆弱性を自覚すれば，認知バイアスは回避することができるかもしれない。

自分より他者の方が心を動かされる，と認知する人の割合は，理論上は全体の50％前後におさまるはずであるが，研究１・２では70％以上の参加者に第三者効果が生じていた。本来あるべき状態・基準（つまり50％）から逸脱している点で，第三者効果も認知バイアスの一種と位置づけることができる[26]。ただし，第三者効果は自覚することがとくにむずかしい認知バイアスだといえるだろう。なぜならこれは，全体の生起率をもってはじめてバイアスと定義される現象であり，個人レベルの回答では，そのバイアス性は見えてこないためである。その意味で，第三者効果は解消・低減がとくにむずかしい認知バイアスだと考えられる。

この点を考慮して，研究３では，「多くの人は“自分より他者の方が影響される”と考える傾向にある」という全体情報を示し，そのような認知がバイアスであることを参加者に伝達した。それによって参加者は第三者効果を避けるだろうと予測したが（仮説３），これは支持されない結果となった。上記の教示にもかかわらず，参加者はいぜん第三者効果を示していた。

この結果に対しては複数の解釈を行うことができる。第一に，第三者効果はきわめて頑健な現象であり，容易には解消・低減しえないこと，第二に，用いた教示が抽象的に過ぎ，その真意が参加者に理解されなかった可能性，第三

26　２章で述べた通り，パーロフ（Perloff, 1999）やプローニンら（Pronin et al., 2004）も第三者効果を認知バイアスの一種と位置づけている。

に，参加者は教示の真意を理解し，自己のバイアス可能性も自覚していたにもかかわらず，何らかの理由から確信的に第三者効果を呈した可能性である。このうち第二の問題は比較的たやすく解消することができるため，研究 4 ではより明瞭な教示を用いることとした。

裁判員制度の目的教示（研究 4）　研究 4 では裁判員制度の目的を説明し，人々が抱いている「理性的」な裁判信念の効果を弱めることで，被害者の発言による自己インパクトは否認されなくなり，ひいては第三者効果が解消すると予測した。

しかし，市民の素直な感覚の反映を奨励する，という裁判員制度の目的を教示しても，第三者効果が解消するとの予測（仮説 3）は支持されなかった。その理由としては，あらかじめ「理性的」な裁判信念を抱いている人は，「一般の人々の感覚を裁判に反映させる」という裁判員制度の目的そのものに対して否定的であり，教示はそうした信念を変える力をもたなかったと考えられる。

そこで研究 5 では，被害者の発言そのものの意味を変えることとした。被害者が参加することで裁判は公平になる，との説明を加えることで，被害者の発言による自己インパクトは否認されなくなると予測したわけである。

被害者参加制度の目的教示（研究 5）　上記の通り，研究 5 では，裁判がより公平になるという被害者参加制度の目的を伝え，それによる第三者効果の低減可能性（仮説 2）を検討した。具体的には，もう一方の事件当事者である被害者の言い分も聞き取ることで，これまでより公平な裁判になるとの制度趣旨を明示した。しかし，この教示をもってしても自己インパクト認知を高めることはできなかった。

以上のように，第三者効果そのもの，裁判員制度の趣旨，さらに被害者参加制度の意義に関する教示を行っても，被害者の発言による自己インパクトは一貫して否認された。この現象はきわめて頑健で変容しにくいものと結論づけるべきだろう。

第三者効果に対する直接的な効果はみられなかったものの，被害者参加制度の目的教示に限っていえば，量刑判断プロセスがそれによって変化することが明らかになった。目的教示なし条件では，「理性的」な裁判信念が被害者の裁判参加に対する否定的な態度を強め，それゆえ被害者の発言による自己インパクトが否認されるという，本書が予測する一連のプロセスが見いだされた。しかし，目的教示を行うと，このプロセスの有意性は消失した。このような結果が得られた理由としては，「事件の両当事者の言い分を公平に聞く」という制度の目的を伝えることで，被害者の裁判参加はあるべき裁判を妨げないことが理解され，反対されなくなったことが挙げられるだろう。被害者の発言による自己インパクトを否認するという反応そのものは頑健であり，被害者参加制度の目的を伝えても変容しないものの，「理性的」な裁判信念が量刑判断に及ぼす負の効果は，こうした教示によって低減しうると結論づけることができる。

発言者の属性（研究 6）　研究 6 では一転して，第三者効果が生じる範囲について検討した。具体的には，発言者の属性のみを被害者から検察官に変化させた場合，その発言に対しても第三者効果は生起するのかどうかを検証した。もし，「理性」対「感情」という枠組みが強力なものであるならば，検察官の権威や専門性を凌駕してなお第三者効果は生起するはずである。

得られた結果は，被害者参加制度の目的教示を操作した研究 5 とほとんど同じものであった。つまり，発言者が検察官であっても被害者であっても，その発言がもたらす自己インパクトは否認され，第三者効果はいずれの条件でも生起した。検察官という高い専門性を備えた立場からの発言であったとしても，それが「感情的」な内容であるかぎり第三者効果は避けられない，ということであろう。

ただし，「理性的」な裁判信念を起点とする量刑判断プロセスは，検察官が発言した場合と被害者が発言したときではまったく異なるものとなった。「理性的」な裁判信念が強く，この信念に動機づけられた人であっても，検察官の発言に対しては，自己へのインパクトは肯定される方向に変化したのである。仮想の裁判員は，検察官という属性ゆえに，その発言による自己へのインパクトを，被害者の場合ほど否認する必要性を感じなかったのだろう。実際，同じことを被害者が述べても検察官が述べても，上記の通り第三者効果は生起したわけであるが，被害者が発言した場合の自己インパクトはいっそう否認される結果となっている。このことは，「理性的」な裁判信念を起点とする自己抑制的な反応が，「感情的」な発言全般に対して生起することに加えて，被害者が発言する場合，その傾向はさらに強まることを示している。

まとめ　ここまでの研究から，仮想の裁判員（大学生や一般市民）が被害者の発言による自己インパクトを否認する傾向はきわめて頑健であり，さまざまな付加情報を伝えても，低減・解消しがたいものであることが確認された。その一方で，被害者の裁判参加が必ずしも「理性的」な裁判信念と対立しないことを伝えたり，また同じ内容を被害者ではなく検察官が発言したりする場合，「理性的」な裁判信念が量刑判断に及ぼす間接的な負の効果は解消されることとなった。以上のことから，「理性的」な裁判信念に動機づけられた自己抑制的な量刑判断プロセスは，被害者参加制度導入の背景が伝えられていないときに生じる現象であり，また被害者の発言に限定してみられる固有の現象だと結論づけることができるだろう。

これ以降の研究では，他者インパクトの肯定という，第三者効果におけるもう一方の要因に着目し，他者の専門性を操作することで，他者インパクトの否認，ひいては第三者効果の解消がみられるかどうかを検討する。ここまでの研究はすべて「他者」，すなわち参加者以外の裁判員はどのような人物であるか，その属性を明確にしておらず，社会的背景などが曖昧な状態で参加者に他者認知を求めてきた。「他者」が知識を有している場合，被害者の発言による他者インパクトは否認され，第三者効果は解消する可能性がある。逆に，他者は専門性を欠く存在だと明示された場合，被害者の発言による他者インパクトが肯定されるあまり，その強い影響力を減じるために抑制的な量刑判断が行われるかもしれない。

また，被害者の裁判参加に反対する理由（研究３）からは，「影響されやすい」という市民ステレオタイプを人々が保持していることが示唆されている。他者インパクト認知の規定因として，上記した他者の専門性の有無に加え，こうした市民ステレオタイプによる影響も検討するべきだろう。次章（研究７）では以上の内容を検討していきたい。

4.5. 本章のまとめ

本書のモデル（改訂）　当初モデル（図１；p.38）を，ここまでに得た結果をふまえて改定した（図９）。

司法場面における第三者効果　仮想の裁判員を務める人々は，被害者の発言に一貫して第三者効果を示すこと，つまり，被害者の発言に「自分は心を動かされない」が「他者は心を動かされる」と認知することが明らかになった（研究1から5）。第三者効果を示す人の割合は総じて高く，何らかの教示を行っていない研究1では71.83％，研究2は74.56％となっていた。このことから，第三者効果は，マスメディアを経由した情報だけでなく，裁判における被害者の発言のように，閉じられた空間で直接的に提示される情報についても生起する現象といえるだろう。さらに，大学生など教育程度が相対的に高い人ほど，他者インパクトを肯定しやすいことも明らかになった。

量刑判断の規定因としての自己インパクト否認　本書では当初，被害者の発言に対する第三者効果が大きくなるほど量刑判断は抑制されるとの予測を立てた（研究1・2）。この予測は，情報が他者に及ぼすインパクトを減じるような行動が生起していると考えた先行研究（Banning, 2006；Golan et al., 2008；Rojas et al., 1996；Shah et al., 1999）をふまえている。しかし，量刑判断を規定しているのは，他者インパクト認知ではなく，自己インパクト認知であることが本書において確認された（研究1・2・5）。この結果は一見すると，被害者の発言に心を動かされた人ほど被告人に重い量刑を科す，という古

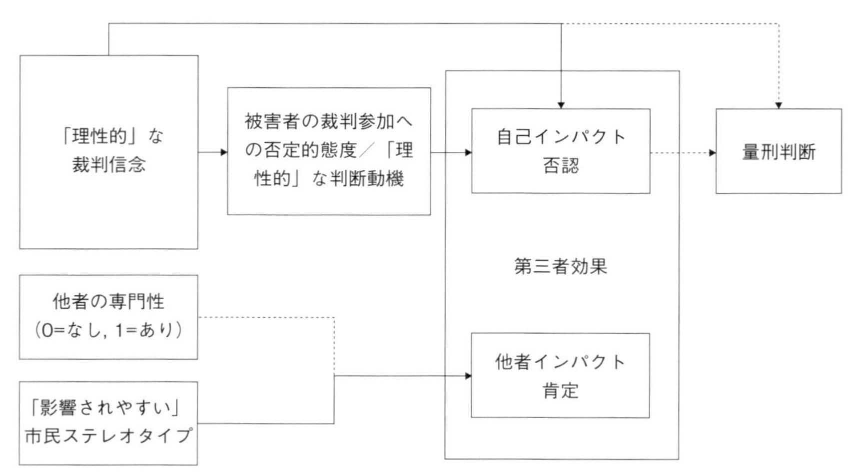

図9．本書のモデル（改訂版）
注）実線は正の，点線は負の効果を示している。

典的な予測を支持しているように思われる。しかし，自己インパクトそれ自体が小さく認知されていることと，後述するように，被害者参加制度への個人の態度に着目した場合，このことは真逆の意味をもつことになる。

自己抑制的な量刑判断プロセス　被害者の裁判参加に否定的な人ほど，被害者の発言による自己へのインパクトを否認した（研究２・３・５）。この結果は，提示された情報に否定的な態度をもつ人ほど第三者効果は大きくなるという，マスメディア情報についての先行研究（Driscoll & Salwen, 1997；Gunther, 1991；Gunther & Mundy, 1993；Gunther & Thorson, 1992；Price et al., 1998；White, 1997）と一致するものである。

被害者の裁判参加はなぜ反対されるのかという点もあわせて検討した。はじめに，自由記述の回答にもとづいて，「理性的」な裁判信念と「感情的」な被害者ステレオタイプが関わっている可能性を指摘した（研究３）。これらの要因の効果を実際に検討した以降の研究では，「理性的」であるべき，との規範的な裁判信念が，被害者の裁判参加に対する否定的な態度や（研究５），被害者の発言による自己インパクトの否認をもたらしており（研究４・５・６），最終的に量刑判断に対して負の効果をもつことが見いだされた（研究５・６）。このプロセスには，「理性的」に判断したいという動機が介在していることも確認された（研究６）。

これらの結果が示しているのは，「理性的」な裁判信念に動機づけられて，被害者の発言に心を動かされまいと自己抑制する人々の姿である。裁判や司法に対して人々が抱いている価値観や信念は，確かに人々の量刑判断を規定しているといえるだろう。

第三者効果研究の再解釈　マスメディア情報に伴って生起する第三者効果が，情報検閲や投票行動（意図）につながるのは，情報による他者インパクト認知による効果だと一般的に考えられてきた（Banning, 2006；Golan et al., 2008；Rojas et al., 1996；Shah et al., 1999）。実際，自己インパクト認知がその後の行動や意図を規定することを明確に述べた先行研究は見当たらない。しかし，このことを示唆する研究ならば存在する。詳細はコラム７に示したが，プライスら（Price et al., 1998）は他者・自己インパクト認知がもつ行動（意図）への効果を検証し，少なくとも他者インパクト肯定は効果をもたないことを明らかにしている。プライスらの結果が示唆しているのは，与えられた情報に否定的な態度を有しているほど，それによる自己へのインパクトは否認されるとともに，そうした情報に対する規制意図も強まることであり，これは本書が得てきた結果と合致するものといえる。

■ コラム7：プライスら（Price et al., 1998）の研究の詳細

2章で示した通り，プライスら（Price et al., 1998）は，「第二次世界大戦におけるナチスのユダヤ人への迫害は誇張されたものである」という主張広告を用いて，信教による自己インパクト認知の違いを検討した。さらに，大学生に対し，大学新聞の編集委員になったつもりで判断するよう求めた上，この広告の掲載をどれほど規制したいと思うか尋ね，これを従属変数，第三者効果を独立変数とする回帰分析を行った。

study 1では，広告規制に対して第三者効果は正の効果を示したものの，これは有意とはならなかった。そこで他者・自己インパクト認知の差の代わりに，他者・自己インパクト認知をそれぞれ独立変数として投入したところ，自己インパクト認知が広告規制に対して有意な負の効果をもつことが確認された。つまり，広告による自己へのインパクトを否認する人ほど，この広告の規制を支持していたことになる。

study 2でもほぼ同様の検証が行われ，ここでは自己インパクト認知の効果は有意にならなかったものの，study 1と同じ負の方向性が確認された。他者インパクト認知はstudy 1・2ともに正の効果を示したが，いずれも有意な値ではなかった。プライスらはさらに，ホロコーストの実在性に対する信念を測定し，広告規制に及ぼす効果を検証している。その結果，「ホロコーストは実在した」と信じている人ほど広告規制を支持することが確認された。

本書におけるここまでの研究はすべて，社会的背景が明らかでない「他者」を提示しており，そのせいで，戦略的な行動を個人にせまるほど強い他者インパクトは認知されなかった可能性がある。そのため，研究7では他者の属性を操作して，他者インパクト肯定がもちうる量刑判断への負の効果を改めて確認することとしたい。

具体的には，専門性を備えた他者（法科大学院生）と，そうでない他者（一般市民）という2条件を設定し，後者において他者インパクト肯定が量刑判断に負の効果をもちうるか，また自己インパクト否認はなお量刑判断に負の効果をもちうるかを検証する。あわせて，2章で論じた「“感情的” な要因に影響されやすい」という市民ステレオタイプに着目し，こうした要因が被害者の発言による他者インパクトの肯定をもたらしているかどうかを明らかにする。

5 「理性的」な裁判信念と量刑判断

5.1. 研究 7 ：量刑判断に及ぼす直接効果

他者インパクトが相対的にも絶対的にも大きく認知されることは，研究１・２・３・４・５において明らかになっている。本研究では，このように被害者の発言による他者インパクトが肯定される要因と，これらが量刑判断に及ぼす効果について検討したい。

先行研究では，個人の知識量や教育程度が他者インパクト認知を促進することが確認されている（Driscoll & Salwen, 1997；Rucinski & Salmon, 1990；Tiedge et al., 1991）。その理由としてパーロフ（Perloff, 1999）は，知識量の多さや教育程度の高さへの自覚が，「自分は不確かな情報に惑わされない」という自己評価を高める一方で，他者についてはこれと逆に作用するためだと述べている。それでは，もし「他者」が自分より高い専門性をもつ相手であったならば，第三者効果は低減するだろうか。高い専門性を有している他者へのインパクト認知は，専門性の低い相手よりも否認されることになるだろう。

仮説１：「他者」が専門性をもつとき，被害者の発言による他者インパクト認知は小さくなる

ここでいう「専門性」は法的知識を意味しており，高い専門性を備えた存在とは，典型的には法学者や司法実務家などに相当するだろう。しかし，現実には，裁判員法が就職禁止事由を定めており，こうした専門知識をもつ人々が裁判員を務めることは認められていない。この点をふまえながら設定にリアリティを残すためには，「高い専門性を有した他者」として法科大学院生という属性を用いることが適切だろう。

他者インパクト認知を低減する要因として他者の属性，とくに専門性がもつ効果に着目することに加えて，本研究では，市民ステレオタイプが他者インパクト認知に及ぼす効果についても検討する。研究３で収集した被害者の裁判参加に反対する理由（自由記述）からは，市民が「（被害者の発言など）“感情的”な要因に影響されやすい」といったステレオタイプを付与されていることがうかがわれた。このような市民ステレオタイプは，被害者の発言による他者（他の裁判員）に対するインパクトの肯定につながるだろう。

仮説２：影響されやすいという市民ステレオタイプは，被害者の発言による他者インパクトの肯定をもたらす

本研究では，他者インパクト認知が量刑判断に及ぼす負の効果についても検討する。これまでも検討してきたが，想定された結果が得られていない理由のひとつとしては，「他者」の属性が曖昧であったことを挙げることができるだろう。参加者がもし，大学の友人やクラスメートなど，自分とよく似た社会的背景をもつ「他者」を想定していたならば，彼らの影響力を減じるような判断は必要ないと考えた可能性がある。しかし，「他者」が自分とは異なる社会的背景をもち，とくに専門性をもたない一般の市民であることを明記された場合，先行研究（Banning, 2006；Golan et al., 2008；Rojas et al., 1996；Shah et al., 1999）が想定した通り，他者インパクトの肯定は量刑を抑制する可能性がある。

仮説３：「他者」が専門性をもたないとき，他者インパクトの肯定は量刑判断を抑制する

本研究ではまた，「理性的」な裁判信念が量刑判断に及ぼす直接的な効果についても検討する。「理性的」な裁判信念が，被害者の発言による自己インパクト否認を介して，量刑判断を抑制することはすでに確認されているが（研究５・６），本研究では，裁判信念が量刑判断に及ぼす直接的な効果について検討する。

仮説４：「理性的」な裁判信念は量刑判断を抑制する

参加者と手続き　都内国立大学の学部生・大学院生を中心とする103名

（男性72名・女性30名・不明１名，平均年齢23.48歳，$SD=8.95$）がシナリオ実験に参加した。具体的には，「社会心理学実験実習Ⅱ」における実習の一環として，「犯罪や裁判に関する意識調査」と題した質問紙を受講生の知人などに配布し，その場で，あるいは後日回収した。

質問紙　質問紙は，表紙と以下に示す設問・シナリオから構成された。表紙には回答にあたっての注意点が記載された。裁判員制度と被害者参加制度が刑事裁判に導入された旨と，両制度の概要を冒頭に数行で示した上，市民ステレオタイプを測定した。次に，ある傷害致死事件の裁判員に選ばれたという想定でシナリオを読み，関連する設問に回答するよう求めた。

他者属性の操作（一般市民／法科大学院生）として，「この調査は，都内の大学生と，裁判員になる資格のある一般市民の方／法科大学院生（司法試験を受験する人のための専門職大学院生）の方に協力をお願いしています。そのことをふまえて，以下の質問にお答えください」という教示を行った。質問紙の構成と設問内容，および操作内容は次の通りである。

裁判員制度と被害者参加制度についての教示，事件概要および裁判シナリオの内容は巻末資料（資料７）に添付した。

【市民ステレオタイプ】「裁判員は事件の被害者や遺族の発言に同情や共感を抱きやすい」，「法律のプロでない裁判員の判断は，被害者や遺族に対する同情や共感に影響されやすい」を７件法（「まったくそう思わない（１）」から「とてもそう思う（７）」）で尋ねた（$r=.32, p<.01$）。

【裁判信念】研究６と同じく，「裁判官／員は，理性的で冷静な判断を下すことが求められている」，「裁判では，証拠にもとづいた客観的な判断が下される必要がある」を７件法（「まったくそう思わない（１）」から「とてもそう思う（７）」）で尋ねた（$r=.62, p<.001$）。

【事件概要】研究３で用いた事件概要を，罪名に関連する箇所のみ変更して使用した。内容は，被告人が，以前勤めていた会社の同僚と金銭トラブルをめぐる口論になり，所持していた果物ナイフで相手の腹部を刺して逃走し，被害者を死亡させたというものである。被告人は罪状を認めている旨も記載された。

【裁判シナリオ】裁判手続きのうち，「被告人弁護人による陳述」，「被害者

（遺族）による被告人質問」,「検察官による論告・求刑」,「被害者（遺族）による論告・求刑」,「被告人弁護人による弁論」を記載した。類似事件での量刑相場にもとづき，検察官による求刑は12年とし，被害者は法定刑の上限である20年を求刑した。

【読み取り確認】 参加者が事件概要と裁判シナリオを読み，正しく理解していることを確認するため,「あなたは，被告人の処分をどのように判断しますか」（無罪・有罪）を尋ねた。被告人は罪状を認めているため「有罪」が正答となる。「無罪」と回答した１名のデータを除外した（前掲した参加者の人数と属性は除外後のものである）。

【自己・他者インパクト認知】「被害者の発言に，あなた自身はどの程度心を動かされましたか」（「まったく動かされなかった（１）」から「とても動かされた（７）」までの７件法）と,「被害者の発言に，あなた以外の裁判員（裁判員資格のある一般市民の方／法科大学院生）は，どの程度心を動かされたと思いますか」（同７件法）を尋ねた。

【操作チェック】 他者属性の操作チェック項目として,「あなた以外の裁判員（裁判員資格のある一般市民の方／法科大学院生）は，司法に関する知識をどの程度もっていると思いますか」を尋ねた（「まったくもっていない（１）」から「とてももっている（７）」までの７件法）。

【量刑判断】「あなたは，被告人に対してどのような量刑を下しますか。適当だと思う年数に１つ○をつけてください」と尋ねた（３年から20年の間で年単位）。

操作チェック　他者属性（一般市民／法科大学院生）を独立変数，操作チェック項目を従属変数とする分散分析を行ったところ，一般市民条件（$M=2.95$, $SD=0.99$）と法科大学院生条件（$M=5.10$, $SD=1.43$）の間に有意差が確認された（$F(1, 77)=61.00$, $p<.001$）。他者属性の操作は成功したといえるだろう。

他者の専門性と他者インパクト認知　専門性の有無が第三者効果，とくに他者インパクト認知に及ぼす影響を検討するため（仮説１），他者の属性と他者・自己インパクト認知の混合要因分散分析を行った（図10)。他者・自己イ

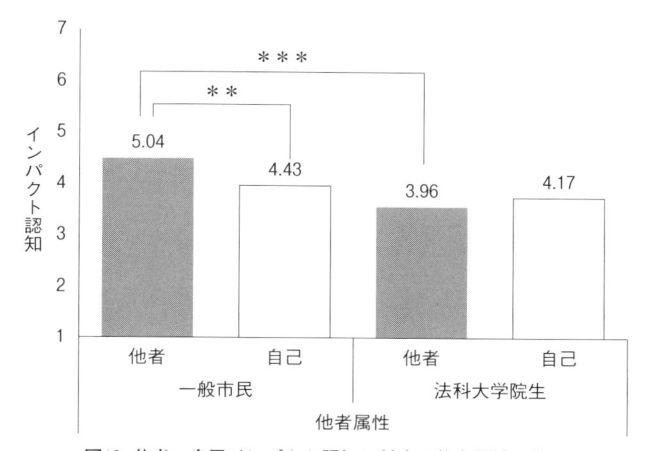

図10. 他者・自己インパクト認知に対する他者属性の効果

$^{**}p<.01$. $^{***}p<.001$

ンパクト認知の主効果は有意でなく（F（1，101）=1.98, *ns.*），他者属性（F（1，101）=8.46, $p<.01$）の主効果，および交互作用（F（1，101）=8.64, $p<.01$）が有意であった。

単純主効果の検定を行ったところ，一般市民条件では，他者インパクトが自己インパクトより大きく認知される第三者効果が生起したが（F（1，101）=9.20, $p<.01$），法科大学院生条件では，他者・自己インパクト認知の間に有意差はみられなかった（F（1，101）=1.14, *ns.*）。また他者が一般市民であるときより法科大学院生であるとき，他者インパクト認知は小さくなっていた（F（1，101）=19.13, $p<.001$）。以上の結果から，「他者」が専門性をもつ相手であるとき，被害者の発言による他者インパクト認知は小さくなる，という仮説1は支持されたといえる。

市民ステレオタイプと他者インパクト認知　「影響されやすい」という市民ステレオタイプが他者インパクトの肯定に及ぼす効果を検討するため（仮説2），この市民ステレオタイプを独立変数，他者インパクト認知を従属変数とする回帰分析を行った（表9）。その結果，市民ステレオタイプは他者インパクト認知に正の効果を有しており，「影響されやすい」という市民ステレオタイプが強い人ほど，被害者の発言による他者へのインパクトを肯定することが

表9. 他者インパクト認知に対する市民ステレオタイプの効果

標準偏回帰係数（β）	他者インパクト認知
市民ステレオタイプ	.22*
F	5.15*
R^2	.05
$AdjR^2$	.04

*$p < .05$

確認された。

第三者効果と量刑判断　次に，「他者」が専門性をもたない相手であるとき，他者インパクトの肯定は量刑判断を抑制するという予測を検討した（仮説3）。はじめに，第三者効果が量刑判断に及ぼす効果を，一般市民と法科大学院生の条件ごとに検討した（表10）。その結果，いずれの条件においても第三者効果は量刑判断に有意な効果を及ぼしていなかった。次に，他者・自己インパクトそれぞれが量刑判断にもたらす効果を検討した。仮説3に反して，他者が一般市民であるとき，他者インパクト認知は量刑判断を抑制する効果をもっていなかった。一方，自己インパクト認知のほうは量刑判断に正の効果を示していた（有意傾向）。

裁判信念と量刑判断　「理性的」な裁判信念が量刑判断を抑制する，という予測を検証した（仮説4）。「理性的」な裁判信念を独立変数，量刑判断を従属変数とする回帰分析を行ったところ（表11），裁判信念による有意な負の効果が確認され，想定通り，「理性的」な裁判信念が強い人ほど被告人に科す量刑を抑制していることが確認された。

考察　他者が，「法科大学院生」であるとき，つまり高い専門性を備えた存在であるとき，他者インパクトは否認され，第三者効果も解消した。被害者の発言による他の裁判員へのインパクトが肯定されるのは，他の裁判員が専門性をもたない相手であるときに限られることが，以上の結果から明らかになった。

また，「影響されやすい」という市民ステレオタイプが他者インパクトの肯定をもたらしていることが確認された。第三者効果が生起する要因としてパーロフ（Perloff, 1993, 1999）は，「不適切」な情報に影響されない自己像の保持

表10. 量刑判断に対する第三者効果，他者・自己インパクト認知の効果

標準偏回帰係数（β）	量刑判断			
	（他者＝一般市民）		（他者＝法科大学院生）	
第三者効果（－６～＋６）	－.23	―	－.02	―
他者インパクト認知	―	.02	―	.04
自己インパクト認知	―	.30 †	―	.07
F	2.70	2.55 †	0.02	0.21
R^2	.05	.10	.00	.01
$AdjR^2$	.03	.06	－.02	－.03

† $p<.10$

表11. 量刑判断に対する「理性的」な裁判信念の効果

標準偏回帰係数（β）	量刑判断
裁判信念	－.20*
F	3.95*
R^2	.04
$AdjR^2$	.03

* $p<.05$

という self-serving（自己奉仕的）な動機を挙げ，他者に対してはそうした動機が働かないため，他者インパクトが肯定されることになると考察している。第三者効果はこのように，自己の特性を高く評価し，他者の特性を相対的に低く評価する動機が，「不適切」な情報による自他への影響認知の差という形で表出されたものである。本研究で得られた，１）専門性を有した他者へのインパクトは否認される，２）「影響されやすい」という市民ステレオタイプが他者インパクトの肯定をもたらす，という結果は，上記したパーロフ（Perloff, 1993, 1999）の考察を支持するものといえるだろう。

これらの結果は社会的にも一定の含意を有している。制度の趣旨上，裁判員が専門性をもたない一般の市民から選任されていることをふまえると，被害者の発言などによる他の裁判員へのインパクトを過大視する現象は，ごく日常的に起きうることといえるだろう。この傾向は，人々があらかじめ，「影響されやすい」という市民ステレオタイプをもっている場合より顕著なものとなる。

本研究では，他者インパクトの肯定による量刑判断への負の効果についても検証した。ここまで他者インパクト肯定の効果が得られていないのは，参加者が想起する「他者」属性の多義性に原因があるとも考えられたため，本研究では他者の属性を明示し，とくに他者を一般市民と明記したときには，他者インパクト肯定は量刑判断を抑制するだろう，との予測を検討した。しかし，他者を一般市民と明示した場合でも，他者インパクト認知はやはり量刑判断に効果をもたなかった。

ここまでの結果を総合すると，人々は他者インパクトを過大視し，これを減じるように行動するという想定は，少なくとも司法場面では成立しないということがいえるだろう。先行研究で検討されてきたのは，マスメディア情報による他者インパクト認知の効果であった。社会に向けてひろく発信されるマスメディア情報と，閉ざされた司法場面で語られる当事者の発言とを比べた場合，他者インパクト肯定が本来的にもちうる効果は，後者においてはるかに大きいはずである。不特定多数かつ匿名の「他者」に対するメディアの影響力認知が特定の行動（検閲や投票）をもたらすのであれば，「他者」8名という小規模な司法場面ではその効果はいっそう強まるはずだからである。それにもかかわらず，他者インパクト認知の効果が一貫して見いだされなかったということは，人々が，他者の判断動向ではなく，自分自身の考えにもとづいて被告人の量刑を判断しているということなのだろう。

本研究では，「理性的」な裁判信念が，量刑判断を直接的にも抑制する効果をもっていることが確認された。この結果は，「理性的」な裁判信念が，被害者の発言による自己インパクトの否認などを介して，間接的に量刑判断を抑制する効果をもっている，というここまでの結果とも整合するものである。被害者が裁判参加する場面では，個人に内在化された「理性的」な裁判信念が量刑に一定の影響力をもつといえるだろう。

5.2. 研究 8 ：量刑判断に対する調整効果

ここまでの研究はみな，被害者が裁判参加する場面だけをとりあげて，そうした状況では「理性的」な裁判信念が量刑判断を抑制することを示してきた。

「理性的」な裁判信念は，被害者が裁判参加するなど，これが脅かされうる局面になってはじめて効果をもつと考えられるからである。そうだとすれば，そのような脅威のない（被害者が裁判参加しない）局面では，この信念は量刑判断に影響しないと予測できるだろう。

それでは，「理性的」な裁判信念の弱い人は，被害者が参加する／しない場合で異なった量刑判断を行うだろうか。こうした人々はもともと「裁判は理性的になされるべき」とは考えていないわけであるから，いずれの場合でもそうした信念にとらわれず量刑を下すだろう。被害者の発言が刑罰促進効果をもつのは，おそらくこうした人々だと考えられる。つまり，被害者が裁判参加したときには，そうでないときに比べ，このような人々は重い量刑を選択するだろう。

これに対して，「理性的」な裁判信念の強い人は，被害者が裁判参加してもしなくても，同程度の量刑を選択するか，あるいは被害者が裁判参加するときのほうが軽い量刑を選択すると予測される。「理性的」な裁判信念が強い人ほど，被害者の発言に心を動かされまいと自己抑制的に反応することが，ここまでの研究から一貫して確認されているためである。

本書の最終的な目的は，被害者の裁判参加が個人の量刑判断に及ぼす効果が，これまで必ずしも一貫してこなかった理由を明らかにすることである。この目的に照らして，本研究では，被害者が裁判参加しない条件を追加し，「被害者の裁判参加（有／無）が量刑判断に与える影響を，"理性的"な裁判信念が調整する」という上記の予測について検討する。具体的な仮説は以下の通りである。

仮説１：被害者の裁判参加なし条件において，「理性的」な裁判信念は量刑判断に影響しない

仮説２：被害者の裁判参加あり条件において，「理性的」な裁判信念が強い人は，弱い人より軽い量刑判断を行う

仮説３：「理性的」な裁判信念が弱い人は，被害者の裁判参加なし条件に比べ，参加あり条件でより重い量刑判断を行う

仮説４：「理性的」な裁判信念が強い人は，被害者の裁判参加なし条件に比べ，参加あり条件で，より軽いか同程度の量刑判断を行う

参加者と手続き　都内国立大学の学部生43名（男性25名・女性18名，平均年齢20.23歳，$SD=0.65$）がシナリオ実験に参加した。具体的には，「社会心理学実験実習Ⅰ」における実習の一環として，「犯罪や裁判に関する意識調査」と題した質問紙を配布し，その場で回収した。

質問紙　質問紙は，表紙と以下に示す設問・シナリオから構成された。表紙には回答にあたっての注意点が記載された。裁判員制度と被害者参加制度が刑事裁判に導入された旨と，両制度の概要を冒頭に数行で示した上，裁判信念を測定した。次に，ある殺人事件の裁判員に選ばれたという想定でシナリオを読み，関連する設問に回答するよう求めた。質問紙の構成と具体的な設問内容，および操作内容は次の通りである。

裁判員制度と被害者参加制度についての教示，事件概要および裁判シナリオの内容は巻末資料（資料８）に添付した。

【裁判信念】「裁判官／員は，理性的で冷静な判断を下すことが求められている」，「裁判では，証拠にもとづいた客観的な判断が下される必要がある」，「裁判官／員の判断は，事件関係者の感情的な意見に左右されるべきではない」をそれぞれ７件法（「まったくそう思わない（１）」から「とてもそう思う（７）」）で尋ねた（$\alpha=.57$）。

【事件概要】研究６と同じ事件概要を使用した。内容は，被告人が，以前勤めていた会社の同僚と金銭トラブルをめぐる口論になり，用意していたレンチで相手の頭部を殴打して逃走し，被害者を死亡させたというものである。被告人は罪状を認めている旨も記載された。

【裁判シナリオ】裁判手続きのうち，「被告人弁護人による陳述」，「検察官による論告・求刑」，「被告人弁護人による弁論」を，被害者の裁判参加なし／あり条件にかかわらず記載した。被害者の裁判参加あり条件では，さらに「被害者（遺族）による被告人質問」と「被害者（遺族）による論告・求刑」を記載した。類似事件での量刑相場にもとづき，検察官による求刑は13年とし，被害者の裁判参加あり条件では，被害者が死刑を希望した。

【読み取り確認】参加者が事件概要と裁判シナリオを読み，正しく理解していることを確認するため，「あなたは，被告人の処分をどのように判断しますか」（無罪・有罪）を尋ねた。被告人は罪状を認めているため「有罪」が正答となる。「無罪」と回答した参加者はいなかった。

【量刑判断】「あなたは，被告人にどのような量刑を下しますか。適当だと思う年数１つに○をつけてください」と尋ねた（５年から20年の間で年単位）。

「理性的」な裁判信念の評定平均値（$M=5.82$, $SD=0.87$）で参加者を折半し，被害者の裁判参加の有無とともに独立変数とし，量刑判断を従属変数とする２要因分散分析を行った（図11）。その結果，裁判信念の主効果は有意でなく（$F(1, 39)=0.17$, *ns.*），被害者の裁判参加の有無（$F(1, 39)=4.96$, $p<.05$）の主効果，および交互作用（$F(1, 39)=6.08$, $p<.05$）が有意であった。

単純主効果の検定を行ったところ，被害者の裁判参加なし条件では裁判信念の２条件間に有意差はみられなかったが（$F(1, 39)=2.16$, *ns.*），被害者の裁判参加あり条件では，裁判信念の２条件間に有意差がみられ（$F(1, 39)=4.04$, $p=.05$），裁判信念の弱い人が，強い人より重い量刑判断を行っていることが確認された。また，裁判信念・強条件において，被害者の裁判参加の有無による差はみられなかったが（$F(1, 39)=0.04$, *ns.*），裁判信念・弱条件に着目すると，被害者の裁判参加なし条件に比べ，裁判参加あり条件で有意に量刑が重くなっていた（$F(1, 39)=9.18$, $p<.01$）。

以上の結果は，「被害者の裁判参加なし条件において，“理性的”な裁判信念

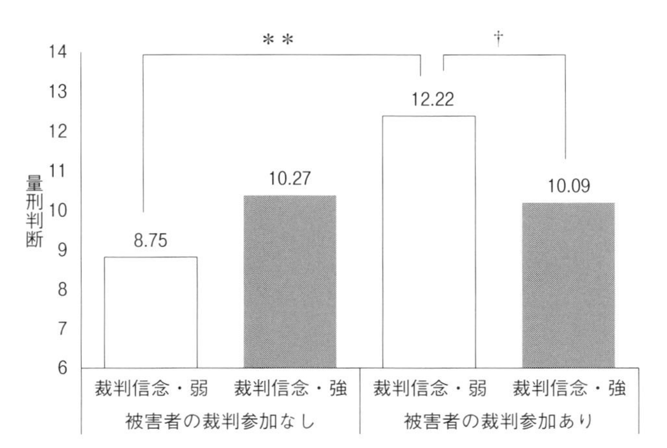

図11. 量刑判断に対する裁判信念と被害者の裁判参加の効果

†$p<.10$, **$p<.01$

は量刑判断に影響しない」という仮説1,「被害者の裁判参加あり条件において,“理性的”な裁判信念が強い人は,弱い人より軽い量刑判断を行う」という仮説2,および「“理性的”な裁判信念が弱い人は,被害者の裁判参加なし条件に比べ,参加あり条件でより重い量刑判断を行う」という仮説3,「“理性的”な裁判信念が強い人は,被害者の裁判参加なし条件に比べ,参加あり条件で,より軽いか同程度の量刑判断を行う」という仮説4をすべて支持するものであった。

考察　「被害者の裁判参加(有／無)が量刑判断に及ぼす効果を,“理性的”な裁判信念が調整する」という本書の予測が支持された。被害者が裁判参加していないとき,「裁判は“理性的”に行われるべき」という信念は量刑判断に影響しないが,被害者が裁判参加するときには,この信念によって異なる量刑判断が行われた。また,被害者が裁判参加することによって,被告人に科される量刑は確かに重くなっていたが,これは裁判信念が弱い人にだけみられる傾向であった。

以上の結果は,「被害者の裁判参加による量刑判断への効果が一貫しない」という先行研究の課題を解消する上で,ひとつの手がかりとなるものだろう。被害者が裁判参加するとき,1)被害者の発言によって量刑を重くする人々と,2)意識的に量刑を重くしない人々という,少なくとも2つの傾向が存在することが本研究から明らかになった。本書はこのうち主に2)を検討してきたわけであり,とくに研究1から6では,「理性的」な裁判信念にもとづく自己抑制的なプロセスが確認され,被害者の発言がもつ刑罰促進効果を,この信念が抑制していることが明らかになった。先行研究は,このうち1)を取りだそうとしてきたといえるだろう。

5.3. 本章のまとめ

他者属性とインパクト肯定　法科大学院生を他者として設定した場合,被害者の発言による他者インパクトは否認され,第三者効果も解消した(研究7)。このことから,研究1から6において,一貫して他者インパクト認知が自己インパクト認知を上回ってきたのは,一般市民,つまり法的知識をもたない人々が「他者」であったためだといえるだろう。法的知識や経験をもたない市民に裁判参加を求めるという裁判員制度の趣旨に照らせば，この制度ははじめから第三者効果を生みだしやすい特徴を有していると考えられる。人々が「“感情的”な要因に影響されやすい」という市民ステレオタイプを抱いている場合，その傾向はとくに顕著なものとなるだろう（研究７）。

他者インパクト肯定と量刑判断　他者を一般市民と明記した場合でも，被害者の発言による他者インパクト認知は量刑判断に影響しないことが改めて確認された（研究７）。司法という特殊な場面で得たこれらの結果をもって，第三者効果，とりわけ他者インパクト認知の影響を仮定してきたマスメディア研究の想定を，根拠のないものと断じることはできないが，行動（意図）に対する他者・自己インパクトの効果を独立して検討することの重要性は，少なくとも指摘しておく必要があるだろう。

「理性的」な裁判信念　被害者が裁判参加する場面において，「理性的」な裁判信念が量刑判断に負の直接効果をもつことが確認された（研究７）。この結果は，「理性的」な裁判信念が量刑判断に間接的な負の効果を有するという，それ以前の結果とも一致するものであった。

最後に，被害者が裁判参加しない条件を加え，「被害者の裁判参加（有／無）が量刑判断に及ぼす効果は，“理性的”な裁判信念によって調整される」という予測を検証した（研究８）。その結果，１）被害者の発言によって量刑を重くする傾向と，２）被害者の発言を聞いても意識的に量刑を重くしない傾向，という２つのパターンが見いだされた。これらのパターンは，司法・裁判について人々が抱いている「理性的であるべき」との信念強度によって弁別されることが明らかになった。

6 裁判員としての市民の実像

6.1. 本書が明らかにしたこと

「被害者が裁判参加するからといって，一般の人々が下す量刑は重くなるわけではない」という実験結果は，以前からそれほどめずらしいものではなかったが，法と心理の研究領域では立証の失敗例とみなされて，その頑健性や背景が詳しく検討されることはなかった。本書は，上記の結果に意味と説明を与える試みのひとつである。

1章では，裁判員制度と被害者参加制度の概要，そこから提起された予測と先行研究を概観した。具体的には，VISなどの書面提出・陳述や，これに類する被害者関連情報が，大学生などの法的判断に及ぼす効果を検討した先行研究を参照した。上記以外にも，さまざまな被害者関連情報――残酷な証拠写真や遺影など――が，大学生や一般の人々によって構成される仮想的な法的判断者（陪審員・裁判員）に及ぼす影響がこれまで検討されてきた（e.g., Boor, 1975, 1976；Cush & Goodman-Delahunty, 2006；Nemeth, 2003； 仲，2009；Thompson & Dennison, 2004；Tsoudis, 2000；Tsoudis & Smith-Lovin, 1998, 2001)。これらの研究に一貫してみられる特徴は，被害者の発言や被害の深刻さ，証拠などによって聞き手の強い感情が喚起され，被告人に対する法的判断が厳しいものになることを示そうとしてきた点にある。

2章では，そうした先行研究が考慮してこなかった観点として，1）司法や裁判に対する「“理性的” であるべき」という信念，2）「“感情的” な要素を裁判にもち込む」という犯罪被害者に対するステレオタイプ，3）「そうした状況の影響を受けやすい」という市民ステレオタイプをとりあげて，一般の人々を含む社会がこれらを保持している可能性があること，そうした文脈では被害

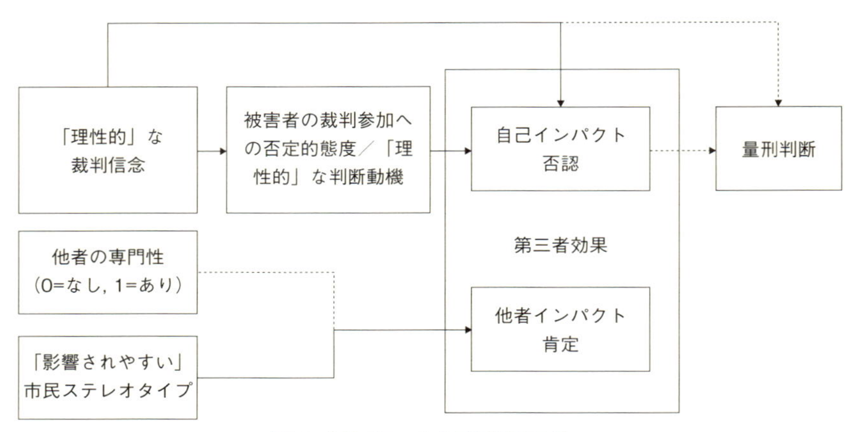

図12. 本書で示された量刑判断モデル

注）実線は正の効果を，点線は負の効果を示している。

者の発言に対して第三者効果が生じうることを指摘した。

以上の内容をふまえて３章では，被害者が裁判参加する場面でも市民が重い量刑判断を行わないことは十分ありうるとして，そうした場面で生起しうる量刑判断プロセスを提示した。このモデルは，「“理性的”に行われるべき」という素朴な裁判信念に動機づけられて，人々が被害者の発言に対して抑制的に反応する心的過程をあらわしたものである。

４章以降で行った実証研究から得られた主な結果を図12に要約した。はじめに明らかになったのは，仮想的な裁判員（大学生を中心とする一般の人々）が，被害者の発言による自己インパクトを他者インパクトより小さく認知することであった（研究１・２・３・４・５・６，研究７の一般市民条件）。このことから，「裁判員は被害者の発言に第三者効果を呈する」という本書の前提は，一貫して裏づけられたといえるだろう。第三者効果のうち自己インパクト認知は，被害者の裁判参加に対する態度と関連していた。具体的には，被害者参加制度に反対する人ほど，被害者の発言による自己インパクトを否認することが確認された（研究２・３・５）。被害者の裁判参加に対する否定的な態度や，被害者の発言による自己インパクト否認はさらに，「理性的」な裁判信念によって規定されていた。つまり，「裁判は“理性的”になされるべき」という信念をもつ人ほど，被害者の裁判参加に反対し（研究５），被害者の発言による自己インパクトを否認すること（研究４）が明らかになった。

被害者の発言に対して生じた第三者効果――他者インパクト認知と自己インパクト認知の差――は，裁判員が被告人に科す量刑に影響を及ぼしていた（研究２・５）。第三者効果そのもの，他者・自己インパクト認知それぞれの効果を検討したところ，量刑判断に影響を及ぼしているのは自己インパクト認知であることが示された（研究１・２・３・５・６）。得られたのは正の効果であったことから，この結果をそのまま解釈すれば，被害者の発言に心を動かされたと思う人ほど，被告人に重い量刑を科した，ということになる。しかし，自己インパクトが相対的にも絶対的にも小さく認知されることや，こうした自己インパクト否認を規定する前掲の要因に目を向けた場合，上の結果は正反対の意味を帯びてくる。つまり，「理性的」な裁判信念が強く，またそれゆえに被害者の裁判参加に反対する人は，被害者の発言による自己インパクトを否認するとともに，被告人に科す量刑を抑制する，という解釈が導きだされることになる。

実際，「理性的」な裁判信念が強い人ほど，「理性的な判断者でありたい」と動機づけられて，被害者の発言による自己インパクトを否認し，被告人に科す量刑を抑制するというプロセスが見いだされている（研究６）。さらに，ここまでの結果にもとづき，「理性的」な裁判信念が量刑判断に負の直接効果をもたらしているという予測を検証したところ，この予測通り，「理性的」な裁判信念は，被害者が裁判参加する場面において量刑判断を抑制する効果をもつことが確認された（研究７・８）。

以上の結果が示しているのは，被害者が裁判参加する場面で裁判員が量刑判断を行うプロセスには，「被害者の発言に心を動かされて重い量刑判断を行う」という従来予測された反応に加えて，「被害者の発言に心を動かされてはならない」との信念に導かれた自己抑制的な反応も生じていることである。この自己抑制的な反応とは，「裁判は“理性的”であるべき」という信念と，これを実践しようとする動機によって規定された，被害者の発言に心を動かされまいとする自覚的・意識的な認知的努力のことをさす。

ここまで，一般の人々が法的判断者を務める際の量刑判断プロセスの概略を示してきたが，第三者効果についてもいくつかの示唆を得ることができた。第一に，被害者の発言による自己インパクト否認はきわめて頑健な現象であり，第三者効果が認知バイアスであることを伝えたり（研究3），裁判員制度の目的を教示したり（研究4），また被害者参加制度の目的を伝えた場合でも（研究5），被害者の発言による自己インパクトは一貫して否認されることが明らかになった。

第二に，自己インパクト認知の変容は困難であったが，他者インパクト認知については「他者」の属性を操作することで変化がみられ，その結果，第三者効果も解消することが確認された（研究7）。この他者インパクト認知はさらに，「影響されやすい」という市民ステレオタイプが強い人ほど肯定されることも明らかになった（研究7）。以上の結果は，相対的に教育レベルの高い（知識量の多い）人物が，相対的に教育レベルの低い（知識量の少ない）他者を想起したとき，第三者効果は生起しやすい，という先行研究の結果とも一致するものである。1章で触れた，法的判断者としての市民をめぐる社会的な議論，とりわけ法専門家や研究者，マスメディアによって提起された「市民は被害者の判断に影響されるだろう」との予測は，知識量が相対的に少ない市民を「他者」としたときの第三者効果そのものであった可能性があるだろう。

第三に，第三者効果は量刑判断に負の効果を有していたが（研究2・5），量刑判断を規定していたのは他者インパクト認知ではなく（研究1・2・5・7），自己インパクト認知であること（研究1・2・3・5・6）が前掲の通り明らかになった。研究7では，「他者」が一般市民であることを明記し，他者インパクトがより肯定されるように操作した上で，他者インパクト肯定が量刑判断に負の効果をもつかどうかを改めて検討したが，他者インパクト認知の効果はやはり確認されなかった。これらの結果が示しているのは，量刑判断は，（先行研究が想定してきたような）他者の動向予測をふまえた調整的行動というよりは，個人があらかじめ有している価値観や信念――「裁判は“理性的”であるべき」など――を反映した意志決定だということであろう。

6.2. 理論的な示唆

6.2.1. 第三者効果

本書の主題を検討する際，これまでマスメディア研究の中で検討されてきた第三者効果の理論と知見を援用した。その結果明らかになったのは，第三者効果が，新聞記事・広告・テレビ番組などのマスメディア情報だけでなく，閉ざされた空間で個別的に示される情報（裁判シナリオや裁判映像）についても生起することであった。その意味で，本書は第三者効果の生起可能範囲を大幅にひろげたといえるだろう。本書ではまた，マスメディア情報について報告されてきた知見と一致する以下のような結果を得た。

知見の支持・追証　被害者の発言による自己へのインパクト認知は，個人が元々有している態度によって規定されていた。具体的には，被害者が裁判参加することに否定的な人ほど，被害者の発言による自己インパクトを否認する傾向にあった（研究２・３・５）。このプロセスはさらに，個人の価値観によって規定されていた。つまり，「“理性的” な判断を行うべき」ないし「“感情的” な判断を行ってはならない」という信念にもとづいて（研究４・５・６），また，この信念を実践しようとする動機にもとづいて（研究６），人々は被害者の発言による自己インパクトを否認することが明らかになった。これらの結果は，主観的に望ましくない情報に対して第三者効果が生起・増大するという知見（Driscoll & Salwen, 1997；Gunther, 1991；Gunther & Mundy, 1993；Gunther & Thorson, 1992；Price et al., 1998；White, 1997）や，第三者効果が個人の self-serving（自己奉仕的）な動機に起因するとの議論（Perloff, 1993, 1999；Pronin et al., 2007）と一致するものである。

他者インパクトの肯定は，第三者効果を規定するもう一方の要素である。本書では，被害者の裁判参加に反対する人ほど自己インパクトを否認するだけでなく，被害者の裁判参加に賛成する人であっても被害者の発言に第三者効果を呈することが示された（研究２）。この結果は，第三者効果が動機という観点だけでは説明できないことを示唆している。そこで本書が着目したのは「他者」の専門性であった（研究７）。本人の知識量や教育程度が他者インパクトの肯定につながることはすでに報告されている（Driscoll & Salwen, 1997；Rucinski & Salmon, 1990；Tiedge et al., 1991）。こうした結果が，自己と他者の知識量の差に対する認知に起因しているとすれば，「他者」の知識量を増やす操作によって他者インパクト認知は小さくなり，第三者効果も解消する可能性がある。実際，法科大学院生を「他者」と提示した研究７において，被害者の発言による他者インパクトは否認され，第三者効果そのものが解消することとなった。この結果からは，第三者効果のうち他者インパクトの肯定が，専門性をもたない相手に限って生じることが明らかになった。

本書ではまた，被害者の発言に対して生じた第三者効果――他者インパクト認知から自己インパクト認知を差し引いた値――が大きいほど，被告人に科される量刑も軽くなることが示された（研究２・５）。これは一見すると，「第三者効果が大きくなるほど，個人はその情報による社会的影響力を減じるような行動をとる」というデイヴィソン（Davison, 1983）の予測を裏づけている。しかし後述するように，この結果は従来とは別の解釈を要するものであった。

新しい解釈　デイヴィソン（Davison, 1983）は，さまざまな社会事象や実証データを引きながら第三者効果を論じる中で，他者インパクト肯定こそがその後の個人の行動を規定するのだと述べている。ここで想定されているのは，たとえば，あるメディア情報が他者に“不適切”な影響を及ぼすという懸念が生まれると，人々はそうした有害情報の検閲を支持するようになる，ということである。デイヴィソンの指摘以降，第三者効果が個人の検閲意図や投票行動に及ぼす効果が検討されてきた（Banning, 2006；Davison, 1983；Golan et al., 2008；Rojas et al., 1996；Shah et al., 1999）。ただその内容をつぶさにみると，実証されたのは他者・自己インパクト認知の差による効果であり，他者インパクト認知そのものの効果ではないことがわかる。他者インパクト認知と行動（意図）との関係については，実はそれほど明瞭になっていないというのがこれまでの状況であった。

本書で導きだされた結論は，個人が有している信念や価値観こそが一定の判断をもたらす，というきわめてシンプルなものであった。本書でくり返し見いだされたのは，裁判員の量刑判断を規定しているのは，「被害者の発言は他の裁判員に強い影響力をもつだろう」との他者インパクト認知ではなく（研究１・２・５・７），被害者の裁判参加に対する本人の態度だということであった（研究２・３・５・６・研究７の一般市民条件）。ここから導きだされるのは，「特定の情報を不適切とみなすからこそ，人々はその情報による自己へのインパクトを否認し，またその情報を考慮せずに判断を下す」という原則であり，これは，第三者効果一般に対しても適用することができる。本書で得られた前掲のプロセスは，今後の第三者効果研究に新しい視点を，先行研究には新たな解釈可能性を投げかけるものといえるだろう。

6.2.2. 裁判員としての市民

被害者の裁判参加が人々の法的判断に与える影響は，これまで英米法圏を中心に，法学や心理学の学際領域において検討されてきた（Hagan, 1982）。それらの研究の多くは，VIS など被害者の裁判参加や陳述内容が，司法参加資格をもつ大学生や市民の法的判断に及ぼす効果に注目してきた（Blumenthal, 2009；Butler, 2008；Erez & Roeger, 1995；Erez & Tontodonato, 1990；FosterLee et al., 2004；Hills & Thomson, 1999；Luginbuhl & Burkhead, 1995；McGowan & Myers, 2004；Myers & Arbuthnot, 1999；Myers et al., 2002；Myers et al., 2004；Nadler & Rose, 2003；Paternoster & Deise, 2011；Walsh, 1986）。研究者だけでなく，マスメディアや法律関係者（e.g., 朝日新聞，2007；足立，2007；川崎，2007；日本弁護士連合会，2007；白取，2007；山下，2007；読売新聞，2007）も提起してきた，「被害者が裁判参加すると市民の量刑判断は重くなる」という予測は，直観的には自明なことのように思われる。

これらの指摘において想定されてきたのは，被害者の陳述が人々の感情——被害者への同情や共感，被告人への嫌悪や制裁動機など——を喚起することで，証拠を合理的に評価する能力が発揮されなくなるということであった（Myers & Greene, 2004）。この想定は，1 章で詳述した通り，実証的には必ずしも支持されてこなかった。いわゆる引き出し効果も考慮すれば，その傾向はいっそう顕著になるだろう。

この主題には確かに，一貫した結果を産出しにくい複数の要因が存在する。そのうち最たる要因は，関連する変数の膨大な数にあるだろう。大学生や市民による法的判断の研究をレビューした Boyll（1991）は，法的判断の規定因を，「証拠」，「心理学的要因」，「認知的要因」，「性格特性」，「対人要因」の 5 つに区分した。このうち，たとえば「対人要因」の一例である「被告人特性」，「弁護人特性」，「証人特性」に着目しただけでも，関連しうる相当数の変数を挙げることができる。このような状況は，研究上の焦点を絞りにくくし，また変数の組み合わせの多さと結果の解釈の複雑さをもたらし，一定の方向性をもった研究知見を産みだしにくい素地になっているといえるだろう。

しかし，こうした事情を考慮しても，結果における一貫性の欠如にはまた別の原因が関わっていると考えられる。先行研究で仮定されてきたのは，見聞きした情報から一方的に影響を受ける，受け身の判断者としての市民の姿であり，人々が自らの価値観や信念にもとづいて意志決定する側面はこれまでほとんど考慮されてこなかった。情動喚起刺激は確かに，個人の意志決定に影響しうる重要な要因のひとつである。本書でも実際，「裁判は“理性的”であるべき」という信念が弱い人々に限ってみれば，被害者が裁判参加する場面で被告人に重い量刑を科していることが見いだされている。しかし，法的判断者としての市民の姿をひろく包括的に捉えようとする場合，そうした側面に注目するだけでは限界があることもまた明らかである。

本書では，被害者が裁判参加する場面において，人々がとりわけ「冷静さ」，「客観性」の重要性を強調する傾向にあることを導きだし，裁判や司法について人々が内在化している価値体系として取りだした。このきわめて規範的な信念[27]に着目して本書が描き出したのは，被害者の発言に心を動かされまいと自己抑制し，実際，その発言を考慮することなく量刑判断を行う人々の存在であった。人々の量刑判断プロセスにはこのように複数のパターンがあり，価値観や信念といった個人の特性に目を向けることでこれらを弁別し，取りだすことができるというのが，本書が示した新しい切り口である。一部の先行研究が検討した死刑事件適格性のほかにも，また本書が検討した司法観（「裁判は“理性的”であるべき」という信念）以外にも，法的判断を規定しうる個人特性は存在するだろう。

■ コラム８：司法や裁判における「感情」の役割

「感情」は元来，司法や裁判において不可避の要素だと考えられている（Bandes, 1999；Nussbaum, 2004 河野訳 2010；Salerno & Bottoms, 2009）。その意味するとこ

27　研究８における「理性的」な裁判信念の平均値は，5.82と理論的中点（４）を大きく超えていた。

ろは，1）不正・犯罪行為一般に対する社会の憤りや制裁動機，困窮している人々への共感・互助こそが，社会秩序としての法の正当性を支える基盤になっているという広義の感情基盤論と，2）個々の不正・犯罪行為やその加害者，そして被害者に対して湧き上がる感情こそが司法実務における核心のひとつである，という狭義の感情基盤論を含んでいる。

後者に関連して，たとえば情状酌量という概念がある。これは，被告人に「汲むべき事情」がある場合，それを量刑の軽減事由とすることができる規定である（刑法66条）。実際，弁護人が被告人の成育歴（親の不適切な養育など）や抱えている心理的な問題（職場のストレスなど）をとりあげて，被害者とはなんら関係のないそうした要因に犯行原因を帰属させつつ，裁定者の同情に訴えかけることは日常的に行われている合法的な法廷戦略である。その意味において，職業裁判官といえども「感情」に依拠した判断から免れているわけではないし，そうした判断の余地が司法にはあらかじめ組み込まれているとさえいえるのである。

このように考えると新たに次のような疑問が立ち上がってくる。それは，本書で見いだされた「感情」を忌避する人々の反応が，被害者に限って生起するのか，それとも被告人に対しても同様に生じるのか，という問いである。

6.3. 実践的な示唆

特定の条件下での量刑判断プロセスを検討した本書から，直ちに普遍性のある実務的な提言を導きだすことには自ずと限界がある。こうした点に留意しながら，以下では，本書が現実の司法場面に対してどのような示唆をもちうるかという観点から考察を行っていきたい。

本書が明らかにしたのは，「理性的」な裁判信念にもとづいて被害者の発言に心を動かされまいとする人々の姿であった。こうした側面はもとより，すべての人々の常なる傾向とはいえないまでも，法廷における市民の動静をまじかでみてきた裁判官の観察とは一致しているようである。原田（2009）は，裁判員制度が始まる前に実施された多くの模擬裁判に関わり，裁判員を務める人々は意外なほど冷静で被害者の意見に同調しない，との所見を述べている。また別の裁判官は，被害者参加制度が始まってからの10年をふり返り，これまで裁判員が感情に流されて公正な判断ができなくなった事件はひとつもなかった，と述べている（読売新聞，2018）。これらの指摘はもちろん実証的な裏づけとはいえないが，被害者と裁判員にきわめて近い立場からみた実情を伝えている点で一定の重要性を有しており，本書で確認された結果にはそれなりの社会的妥当性があるものと推測することができるだろう。

本書で見いだされた人々の自己抑制的な反応は，被害者の発言を裁判の中でどう取り扱うべきかについて，明確な指針が与えられていないことに起因している可能性がある。実際，被害者の意見の取り扱いについて，一般の人々は明らかに態度を決めかねている。一般市民と裁判官を対象に行われた調査（前田・合田・井上・野原，2007）では，被害者（遺族）が被告人に重い刑罰を望んでいる場合，その点を量刑上どのくらい考慮するかについて尋ねている。これに対する市民と裁判官の回答には大きな隔たりが見いだされた。裁判官のおよそ80％が遺族の希望を重視すると回答したのに対し（「重くする（19.2％）」「やや重くする（60.4％）」），市民の50.2％が「どちらでもない」と回答したのである。

裁判官の多くが，このように遺族の意見を量刑の加重事由として考慮する明確な方針をもっているのに対し[28]，市民は明らかにその取り扱いに苦慮している。そしてこの「どちらでもない」という曖昧な態度こそが，本書で示された２つの判断パターンのうち，被害者の発言を考慮しないという「安全」な対応につながっていると考えることができるだろう。

専門外のことについて何らかの意志決定を求められた場合，私たちは，専門家ならばどのようにふるまうかを想像し，それに沿うようにして判断を下すものである（e.g., 荒川，2014）。意志決定に社会的責任が伴えば，その傾向はいっそう強くなるだろう。このように考えると，本書が着目した「“理性的”であるべき」という裁判信念は，人々が「裁判官ならばどうふるまうか」を想像して導きだした一種の指針（ガイドライン）に相当するものといえるかもしれない。前掲の調査結果（前田ら，2007）は，この「指針」が往々にして専門家のそれとかい離しうる——場合によっては専門家より厳格なものになりうる

28　カナダの刑事裁判官にインタビューし，ふだんVISをどの程度考慮しているか尋ねた研究（Prairie Research Associates Inc., 2004）によると，「判決を決める際VISを考慮する」と回答した裁判官はここでも80％以上にのぼっていた。VISはとくに，犯罪の深刻さや量刑を決める上で有益な情報と受けとめられていた。

――ことを示唆している。

実務上，裁判員が被害者参加制度について，裁判官などからどのような説明を受けているのかは明らかでないが，上記のような裁判員の迷いを払しょくする上では，評議をリードする裁判官が，ふだんどの程度被害者の意見を考慮しているか，あらかじめ伝えておくことが有効かもしれない。市民の判断がいたずらに回避的，無難な方向に進めば，裁判員制度の意義そのものが薄れることになりかねない。司法側はとくに留意して市民の思い込みに注意を払い，適切に対処することが必要だろう。これは被害者参加制度だけでなく，裁判員制度が適用されるすべての裁判についていえることである。

6.4. 研究の展望

「はじめに」で述べた通り，本書がめざしたのは，あくまでも個人の判断プロセスに対する理解を深めることであった。その点，やはり個人レベルの予測を検討してきた先行研究と同じく，本書では評議という集団意志決定場面での成員間の相互作用を考慮していない（Myers & Greene, 2004）。したがって，本書は応用研究というよりは，（実存する制度に依拠してはいるが）人間の意志決定プロセスを主題とする基礎的研究として位置づけられるべきだろう。本書の内容を社会的に意義ある提言につなげていく上では，なお多くの課題が存在している。

第一の課題としては，個人レベルの検討を行ってきた本結果を，直ちに現実の司法場面に適用することは困難だという点が挙げられる。裁判員裁判での評決は，3名の裁判官と6名の裁判員による評議を経て決定されることから，本書が言及することができるのは，評議以前に個人が暫定的に意志決定する初期の段階に限られる。個人の判断はおそらくもっとも重要な評議内容・結果の予測因であると思われるが，今後は個人の判断が評議を経てどのように変遷していくかについても，評議前後の比較によって実証的に明らかにしていくことが求められるだろう。

第二の課題として，本書が着目した「理性的」な裁判信念がもつ効果に通文化性がみられるのかどうかを検討していくことが挙げられる。「裁判では“感情”を排除するべき」，「司法は“理性的”であるべき」といった社会通念の存在はアメリカなどでも指摘されており（Blumenthal, 2005；Myers & Greene, 2004；Nussbaum, 2004 河野訳 2010；Salerno & Bottoms, 2009；Wiener et al., 2006），こうした司法観が日本以外の国々でも共有されていることはほぼ間違いないと考えられる。ただし，市民の司法参加の歴史という点では，社会的背景が著しく異なっていることから，人々のこうした信念がもたらす効果も同一だと断定することはできない。イギリスに起源をもつ陪審制は，アメリカやオーストラリア，カナダなどで古くから実施されてきた。市民による司法参加が連綿と続いてきたこれらの国々と，制度が始まってようやく10年を迎えた日本[29]とでは，制度に対する認識や人々の司法観には相当のひらきがあるはずである。

わが国の場合，国民は刑事裁判に対していぜん敷居の高さを感じている。最高裁判所（2013）が行った国民意識調査によれば，裁判員を務めることについて６割の人が，「しろうとに裁判という難しい仕事を正しく行うことはできないのではないかという不安がある」などと回答している。この事実は，市民の日常感覚や常識を裁判に反映させるという制度目的と，人々の司法観の間にはいまだ大きな隔たりがあることを示唆するものといえるだろう。一方，市民による司法参加の長い歴史をもつ国々では，「感情」と「理性」の対立的理解にもとづいた「理性的」な裁判信念とは独立して，市民の意見を裁判に反映させることが尊重され，慣習・文化として根づいており，「理性的」な信念が必ずしも法的判断に影響を及ぼさない可能性もある。本書で確認された結果の通文化性を明らかにすることは，上記した理由からとくに必要なことと思われる。

第三に，司法における伝統的な価値観と，市民が保持している法的価値観の異同を明らかにするという，本質的・構造的な主題に取り組むことが，今後の課題として必要である。裁判員制度はもともと，伝統的な司法の価値観[30]が市

29　日本でも陪審制が運用されていた時期はあるが，期間も対象もごく限られたものであった。

30　一例として，被告人の「反省」をめぐる価値観の相違を挙げることができるだろう。被告人が反省の弁を述べた場合，現行法は，そのことをもって情状酌量することができる。これに対し，模擬裁判に参加した市民は，悪いことをすれば反省するのは当然であり，当然のことをしたからといって量刑を軽くするのはおかしい，と述べている（神山・岡，2009）。こうした価値観のずれは多数あるだろう。

民のそれとかけ離れたものになりつつある，という司法側の問題認識から始まった制度である（龍岡，2010）。それにもかかわらず，価値観のずれについての実証的な研究が，制度導入前はもちろんのこと，導入された後でも行われていないのは問題であろう。両者がもつ価値観の差異は法的判断にも影響するであろうし，こうしたギャップのうち何をどのようにすり合わせるかは本来，政策策定時に議論されるべき論点である。こうしたギャップが配慮されず，評議などにおいて司法側が旧来の価値観を押し通すようなことがもしあれば，参加意欲の低下や萎縮など，市民にネガティブな影響を及ぼす可能性もある。また前記のように，市民側の思い込みが是正されないまま過ぎれば，裁判員制度本来の趣旨は損なわれることになるだろう。

本書は，一般の人々が，前節で論じたように場合によっては裁判官より厳格に判断することを示した点で，司法と市民の価値観におけるギャップの一端を示したともいえるだろう。今後は，司法・裁判に対する規範的な信念にとどまらず，刑罰や裁判の目的，裁判関係者（裁判官や弁護人，検察官など）の役割に関する司法と市民の価値観の実相，およびそのギャップを解明していくことが求められている。

これらの課題に取り組むことで，本書の内容——人々は裁判に対して厳格な信念をもっており，被害者が裁判参加する場面において自己抑制的にふるまうことがある——が，評議を経て下される判決を予測する上でどこまで有用なのか，また文化や制度による制約を受けるのかどうかを明らかにすることができるだろう。さらに，一般の人々が暗黙のうちに抱いている法的価値観の実態を，司法の価値観と対比させながら可視化させていくことにより，人々の法的判断プロセスをその背景を含めて構造的に理解することができるはずである。

そのような知見を援用しながら，市民と司法が互いの価値観を知り，隔たりを埋めるために双方ともに努力していくことが，裁判員制度の理念を真に実現することにつながっていくものと筆者は考えている。本書が，そうした営みを支える実証研究の一端となれば幸いである。

引用文献

Abrams, D., Viki, G. T., Masser, B., & Bohner, G. (2003). Perceptions of stranger and acquaintance rape: The role of benevolent and hostile sexism in victim blame and rape proclivity. *Journal of Personality and Social Psychology, 84*, 111–125.

足立昌勝（2007）．刑事訴訟への犯罪被害者の参加と裁判員制度 法と民主主義，*423*，41–43.

荒川歩（2014）．「裁判員」の形成，その心理学的解明 特定非営利活動法人 ratik

朝日新聞（2007）．被害者参加 真実解明との両立を 2月2日朝刊

浅井暢子・唐沢穣（2013）．物語の構築しやすさが刑事事件に関する判断に与える影響 社会心理学研究，*28*，137–146.

番敦子・武内大徳・佐藤文彦（2006）．犯罪被害者等基本計画の解説 ぎょうせい

Bandes, S. A. (1999). *Passion of law*. New York: New York University Press.

Banning, S. A. (2006). Third-person effects on political participation. *Journalism & Mass Communication Quarterly, 83*, 785–800.

Baron, R. M. & Kenny, D. A. (1986). The moderator-mediator variable distinction in social psychological research: Conceptual, strategic, and statistical considerations. *Journal of Personality and Social Psychology, 51*, 1173–1182.

Blumenthal, J. A. (2005). Does mood influence moral judgment? : An empirical test with legal and policy implications. *Law and Psychology Review, 29*, 1–24.

Blumenthal, J. A. (2009). Affective forecasting and capital sentencing: Reducing the effect of victim impact statements. *American Criminal Law Review, 46*, 107–125.

Boor, M. (1975). Effects of victim competence and defendant opportunism on the decisions of simulated jurors. *The Journal of Social Psychology, 96*, 301–302.

Boor, M. (1976). Effects of victim injury, victim competence, and defendant opportunism on the decisions of simulated jurors. *The Journal of Social Psychology, 100*, 315–316.

Boyll, J. R. (1991). Pychological, cognitive, personality and interpersonal factors in jury verdicts. *Law and Psychology Review, 15*, 163–184.

Buddie, A. M. & Miller, A. G. (2002). Beyond rape myths: A more complex view of perceptions of rape victims. *Sex Roles, 45*, 139–160.

Butler, B. (2008). The role of death qualification in venirepersons' susceptibility to victim impact statements. *Psychology, Crime & Law, 14*, 133–141.

Cohen, J., Mutz, D., Price, V., & Gunther, A. (1988). Perceived impact of defamation: An experiment of third-person effects. *Public Opinion Quarterly, 52*, 161–173.

Cush, R. & Goodman-Delahunty, J. (2006). The influence of limiting instructions on processing and judgments of emotionally evocative evidence. *Psychiatry, Psychology and Law, 13*, 110–123.

ダマシオ，A. R.（2013）．田中三彦訳 デカルトの誤り：情動，理性，人間の脳 筑摩書房
Damasio, A. R.（1994）. *Decarte's error: Emotion, reason, and the human brain.* New York: Putnam Adult.

David, P. & Johnson, M. A.（1998）. The role of self in third-person effects about body image. *Journal of Communication*, autumn, 37–58.

Davison, W. P.（1983）. The third-person effect in communication. *Public Opinion Quarterly, 47*, 1–15.

Driscoll, P. D. & Salwen, M. B.（1997）. Self-perceived knowledge of the O. J. Simpson trial: Third-person perception and perceptions of guilt. *Journalism and Mass Communication Quarterly, 74*, 541–556.

Dunning, D., Meyerowitz, J. A., & Holzberg, A. D.（1989）. Ambiguity and self-evaluation: The role of idiosyncratic trait definitions in self-serving assessments of ability. *Journal of Personality and Social Psychology, 57*, 1082–1090.

Eisenberg, N.（2000）. Emotion, regulation, and moral development. *Annual Review of Psychology, 51*, 665–697.

Erez, E. & Tontodonato, P.（1990）. The effect of victim participation in sentencing on sentence outcome. *Criminology, 28*, 451–474.

Erez, E. & Roeger, L.（1995）. The effect of victim impact statements on sentencing patterns and outcomes: The Australian experience. *Journal of Criminal Justice, 23*, 363–375.

Feild, H. S.（1978a）. Attitudes toward rape: A comparative analysis of police, rapists, crisis counselors, and citizens. *Journal of Personality and Social Psychology, 36*, 156–179.

Feild, H. S.（1978b）. Juror background characteristics and attitudes toward rape. *Law and Human Behavior, 2*, 73–93.

フット，D.（2006）．溜箭将之訳 裁判と社会：司法の「常識」再考 NTT 出版

フット，D.（2007）．溜箭将之訳 名もない顔もない司法：日本の裁判は代わるのか NTT 出版

FosterLee, L., Fox, G. B., FosterLee, R., & Ho, R.（2004）. The effects of a victim impact statement and gender on juror information processing in a criminal trial: Does the punishment fit the crime？ *Australian Psychologist, 39*, 57–67.

Frese, B., Moya, M., & Megias, J. L.（2004）. Social perception of rape: How rape myth acceptance modulates the influence of situational factors. *Journal of International Violence, 19*, 143–161.

藤島喜嗣（2004）．課題成績における非現実的楽観主義に客体的自己覚知状態が及ぼす効果 昭和女子大学人間社会学部紀要，*761*，106–115.

Golan, G. J., Banning, S., & Lundy, L.（2008）. Likelihood to vote, candidate, choice, and the third-person effect: Behavioral implications of political advertising in the 2004

Presidential election. *American Behavioral Scientist, 52*, 278–290.

Gunther, A. (1991). What we think others think: Cause a consequence in the third-person effect. *Communication Research, 18*, 355–372.

Gunther, A. C. (1995). Overrating the X-rating: The third-person perception and support for censorship of pornography. *Journal of Communication, 45*, 27–38.

Gunther, A. C. & Hwa, A. P. (1995). Public perceptions of television influence and opinions about censorship in Singapore. *International Journal of Public Opinion Research, 8*, 248–265.

Gunther, A. C. & Mundy, P. (1993). Biased optimism and the third-person effect. *Journalism Quarterly, 70*, 58–67.

Gunther, A. C. & Thorson, E. (1992). Perceived persuasive effects of product commercials and public service announcements: Third-person effects in new domains. *Communication Research, 19*, 574–596.

Hagan, J. (1982). Criminology victims before the law: A study of victim involvement in the criminal justice process. *Journal of Criminal Law & Criminology, 73*, 317–330.

犯罪被害救援基金（1996）．警察の「被害者対策」に関する研究会報告書

原田國男（2009）．裁判員裁判と量刑評議：模擬裁判を傍聴して 刑事法ジャーナル，*16*, 55–68.

Hills, A. M. & Thomson, D. M. (1999). Should victim impact influence sentences? Understanding the community's justice reasoning. *Behavioral Sciences and the Law, 17*, 661–671.

法務省（2006）．法制審議会刑事法（裁判員制度関係）部会第１回会議議事録〈http://www.moj.go.jp/shingi1/shingi2_061218-1.html〉（2011年４月26日）

石崎千景・荒川歩・若林宏輔（2010）．模擬裁判実験での使用を想定した公判映像刺激作成の試み 法と心理学会第11回大会予稿集，23.

Jenkins, M. J. & Dambrot, F. H. (1987). The attribution of date rape: Observer's attitudes and sexual experiences and the dating situation. *Journal of Applied Social Psychology, 17*, 875–895.

甲斐行夫・神村昌通・飯島泰（2001）．逐条解説・刑事訴訟法　松尾浩也（編）　逐条解説：犯罪被害者保護二法，pp.64–128．有斐閣

神山啓史・岡慎一（2009）．変わる刑事裁判：裁判員裁判における弁護活動 第20回 情状事件の最終弁論 自由と正義，*60*, 87–97.

加藤克佳（2007）．犯罪被害者の権利利益保護法案をめぐって ジュリスト，*1338*, 2–47.

川崎英明（2007）．刑事裁判への被害者参加制度の批判的検討 刑事弁護，*50*, 89–93.

北村英哉（2010）．認知と感情のダイナミズム 村田光二（編）現代の認知心理学６ 社会と感情，pp.175–193．北大路書房

Kopper, B. A. (1996). Gender, gender identity, rape myth acceptance, and time of initial resistance on the perception of acquaintance rape blame and avoidability. *Sex Roles, 34*, 81–93.

工藤恵理子（2003）．対人認知過程における血液型ステレオタイプの影響：血液型信念に影響されるものは何か 実験社会心理学研究，*43*，1－21.

工藤恵理子（2004）．平均点以上効果が示すものは何か：評定対象の獲得容易性の効果 社会心理学研究，*19*，195–208.

Luginbuhl, J. & Burkhead, M.（1995）. Victim impact evidence in a capital trial: Encouraging votes death. *American Journal of Criminal Justice, 20*, 1－16.

前田雅英・合田悦三・井上豊・野原俊郎（2007）．量刑に関する国民と裁判官の意識についての研究：殺人罪の事案を素材として 法曹會

丸田隆（2009）．裁判員制度 平凡社

Maryland, Booth v., 482 U.S. 496（1987）.〈http://caselaw.lp.findlaw.com/cgi-bin/getcase.pl?court=us&vol=482&invol=496〉（2013年 4 月26日）

McGowan, M. G. & Myers, B.（2004）. Who is the victim anyway？: The effects of bystander victim impact statements on mock juror sentencing decisions. *Violence and Victims, 19*, 357–374.

守屋典子（2007）．被害者刑事訴訟法の意義 岡村勲（編）犯罪被害者のための新しい刑事司法，pp.13–16．明石書店

Myers, B. & Arbuthnot, J.（1999）. The effects of victim impact evidence on the verdicts and sentencing judgments of mock jurors. *Journal of Offender Rehabilitation, 29*, 95–112.

Myers, B., Godwin, D., Latter, R., & Winstanley, S.（2004）. Victim impact Statements and mock juror sentencing: The impact of dehumanizing language on a death qualified sample. *American Journal of Forensic Psychology, 22*, 39–55.

Myers, B. & Greene, E.（2004）. The prejudicial nature of victim impact statements: Implications for capital sentencing policy. *Psychology, Public Policy, and Law, 10*, 492–515.

Myers, B., Lynn, S. J., & Arbuthnot, J.（2002）. Victim impact testimony and juror judgments: The effects of harm information and witness demeanor. *Journal of Applied Social Psychology, 32*, 2393–2412.

Nadler, J. & Rose, M. R.（2003）. Victim impact testimony and the psychology of punishment. *Cornell Law Review, 88*, 419–456.

内閣府（2010）．犯罪被害者白書：平成22年版 佐伯印刷

仲真紀子（2009）．裁判員制度と心理学：被害者に関する情報の影響について 刑法雑誌，*48*，405–421.

Nemeth, R. J.（2003）. The impact of gruesome evidence on mock juror decision making: The role of evidence characteristics and emotional response. *Dissertation Abstracts International, 63*, 5546-B.

日本弁護士連合会（2007）．犯罪被害者等が刑事裁判に直接関与することのできる被害者参加制度に対する意見書〈http://www.nichibenren.or.jp/ja/opinion/report/070501.html〉（2009年11月17日）

ヌスバウム，M.（2010）．河野哲也訳 感情と法：現代アメリカ社会の政治的リベラリズ

ム 慶應義塾大学出版会 Nussbaum, M. C. (2004). *Hiding from humanity*. Princeton, NJ: Princeton University Press.

大谷晃大（2007）．犯罪被害者の権利利益保護法案をめぐって ジュリスト，*1338*，2－47.

Paternoster, R. & Deise, J. (2011). A heavy thumb on the scale: The effect of victim impact evidence on capital decision making. *Criminology*, *49*, 129–161.

Perloff, R. M. (1993). Third-person effect research 1983–1992: A review and synthesis. *International Journal of Public Opinion Research*, *5*, 167–184.

Perloff, R. M. (1999). The third-person effect: A critical review and synthesis. *Media Psychology*, *1*, 353–378.

Prairie Research Associates Inc. (2004). *Multi-sitesurvey of victims of crime and criminal justie professionals across Canada*. Ottawa: Department of Justice Canada.

Price, V. & Tewksbury, D. (1996). Measuring the third-person effect of news: The impact of question order, contrast and knowledge. *International Journal of Public Opinion Research*, *8*, 120–141.

Price, V., Tewksbury, D., & Huang, L. (1998). Third-person effects on publication of a Holocaust-denial advertisement. *Journal of Communication*, *48*, 3–26.

Pronin, E., Berger, J., & Molouki, S. (2007). Alone in a crowd of sheep: Asymmetric perceptions of conformity and their roots in an introspection illusion. *Journal of Personality and Social Psychology*, *92*, 585–595.

Pronin, E., Gilovich, T., & Ross, L. (2004). Objectivity in the eye of the beholder: Perceptions of bias in self versus others. *Psychology Review*, *111*, 781–799.

Pronin, E. & Schmidt, K. (2013). Claims and denials of bias and their implications for policy. Shafir, E. (Ed.), *The behavioral foundations of public policy*. pp. 195–215. Princeton and Oxford: Princeton University Press.

Rojas, H., Shah, D. V., & Faber, R. J. (1996). For the good of others: Censorship and the third-person effect. *International Journal of Public Opinion Research*, *8*, 163–186.

Rucinski, D. & Salmon, C. T. (1990). The 'other' as the vulnerable voter: A study of the third-person effect in the 1988 U.S. presidential campaign. *International Journal of Public Opinion Research*, *2*, 345–368.

佐伯昌彦（2010）．犯罪被害者による刑事裁判への参加が量刑に及ぼす影響：実証研究のレビューと今後の課題 法学協会雑誌，*127*，419–493.

最高裁判所（2000）．国民の司法参加に関する裁判所の意見 司法制度改革審議会第30回配布資料（別紙５）〈http://www.kantei.go.jp/jp/sihouseido/dai30/30siryou.html〉（2009年10月１日）

最高裁判所（2008）．裁判員制度に関する意識調査〈ttp://www.saibanin.courts.go.jp/topics/pdf/08_04_01_isiki_tyousa/siryo1.pdf〉（2011年９月15日）

最高裁判所（2011）．平成22年における裁判員裁判の実施状況等に関する資料〈http://www.saibanin.courts.go.jp/topics/09_12_05-10jissi_jyoukyou.html#h22_siryo〉（2011年９月11日）

最高裁判所（2013）．裁判員制度の運用に関する意識調査〈http://www.saibanin.courts.go.jp/topics/pdf/09_12_05-10jissi_jyoukyou/h24_isiki_1.pdf〉（2013年8月2日）

Salerno, J. M. & Bottoms, B. L. (2009). Emotional evidence and jurors' judgments: The promise of neuroscience for informing psychology and law. *Behavioral Sciences and the Law, 27*, 273–296.

Shah, D. V., Faber, R. J., & Youn, S. (1999). Susceptibility and Severity: Perceptual dimensions underlying the third-person effect. *Communication Research, 26*, 240–267.

椎橋隆幸（2007）．犯罪被害者等の刑事裁判への参加　ジュリスト，*1338*，56–62.

椎橋隆幸（2008）．犯罪被害者等の刑事裁判への参加　酒巻匡（編）　Q&A 平成19年 犯罪被害者のための刑事手続関連法改正，pp. 3 –25.　有斐閣

白岩祐子・唐沢かおり（2014）．犯罪被害者の裁判関与が司法への信頼に与える効果：手続き的公正の観点から　心理学研究，*85*，20–28.

白岩祐子・小林麻衣子・唐沢かおり（2016）．「知ること」に対する遺族の要望と充足：被害者参加制度は機能しているか　社会心理学研究，*32*，41–51.

白岩祐子・小林麻衣子・唐沢かおり（2018）．犯罪被害者遺族による制度評価：被害者参加制度・意見陳述精度に着目して　犯罪心理学研究，*56*，1 –12.

白木功（2007）．「犯罪被害者等の権利利益の保護を図るための刑事訴訟法等の一部を改正する法律」の概要　ジュリスト，*1338*，48–55.

白木功・飯島泰（2008）．今回の改正の経緯　酒巻匡（編）　Q&A 平成19年犯罪被害者のための刑事手続関連法改正，pp.63–70.　有斐閣

白取祐司（2007）．日本型「被害者参加」の導入で刑事裁判はどうなるか：法案への疑問　世界，*765*，215–221.

高林久美子・沼崎誠（2010）．女性による伝統的女性と非伝統的女性への偏見とステレオタイプの適用：潜在レベルからの検討　社会心理学研究，*26*，141–150.

龍岡資晃（2010）．「刑事司法の主体を問う：裁判所・検察と市民参加」に参加して　法社会学，*72*，61–69.

Thompson, G. M. & Dennison, S. (2004). Graphic evidence of violence: The impact on juror decision-making, the influence of judicial instructions and the effect of juror biases. *Psychiatry, Psychology and Law, 11*, 323–337.

Tiedge, J. T., Silverblatt, A., Havice, M. J., & Rosenfeld, R. (1991). Discrepancy between perceived first-person and perceived third-person mass media effects. *Journalism Quarterly, 68*, 141–154.

Tsoudis, O. (2000). Relation if affect control theory to the sentencing of criminals. *The Journal of Social Psychology, 140*, 473–485.

Tsoudis, O. & Smith-Lovin, L. (1998). How bad was it?: The effecys of victim and perpetrator on responses to criminal court vignettes. *Social Forces, 77*, 695–722.

Tsoudis, O. & Smith-Lovin, L. (2001). Criminal identity: The key to situational construals in mock criminal court cases. *Sociological Spectrum, 21*, 3 –31.

Walsh, A. (1986). Placebo justice: Victim recommendations and offender sentences in sexual assault cases. *The Journal of Criminal Law & Criminology, 77*, 1126-1142.

Weinstein, N. D. (1980). Unrealistic optimism about future life events. *Journal of Personality and Social Psychology, 39*, 806-820.

White, H. A. (1997). Considering interacting factors in the third-person effect: Argument strength and social distance. *Journalism and Mass Communication Quarterly, 74*, 557-564.

Wiener, R. L., Bornstein, B. H., & Voss, A. (2006). Emotion and the law: A framework for inquiry. *Law and Human Behavior, 30*, 231-248.

山下幸夫（2007）．刑事裁判への被害者参加制度の立法経過と実務家から見た問題点 刑事弁護，*50*，82-88.

読売新聞（2007）．被害者参加制度 導入には慎重な議論が必要だ　2月3日朝刊

読売新聞（2018）．「被害者参加制度」「損害賠償命令制度」開始10年　12月1日朝刊

おわりに

本書が検討してきたのは，一貫して個人レベルの判断であり，評議における相互作用を経た判断ではない。個人レベルの判断を対象としてきたのには次のような2つの理由がある。

ひとつは，「一般の人々は感情に任せて判断を下しやすい」と，マスメディアや司法関係者や法と心理学者がいうとき，それは例外なく個人レベルの判断をさしているからである。こうした予測をベースとする以上，本書ははじめから，「法的判断者としての人間はどんな存在なのか」という個人レベルでの問いを追及することを余儀なくされてきた。

もうひとつは，（少なくともこれまで指摘されてきた意味での）被害者の裁判参加による刑罰促進効果は，評議による判断では生じる可能性のないことがほぼ明白だと考えられるからである。被害者参加制度は評議レベルの判断にはほとんど影響しない，と推測されるのは，被害者参加制度に先立って始まった「意見陳述制度」の存在によるところが大きい。

意見陳述制度は2000年から刑事裁判に導入された。これは，特定事件の被害者や遺族が希望した場合，法廷において心情や意見を述べることを認める制度であり，刑事裁判が被害者らの意見や心情もふまえて行われることを示すことが，その目的として挙げられている（甲斐・神村・飯島，2001）。このことからも明らかなように，本制度の開始以降，量刑判断の中で被害者らの心情・意見を考慮することが正当化され，実際に多くの職業裁判官が，刑罰を重くする方向で被害者らの意見を考慮する，と答えている（前田ら，2007）。

裁判員・被害者参加の両制度が始まる以前から，裁判官はこうして被害者らの希望を考慮して判決を下しているのであり，そこに市民（とくに「重罰」を求める市民）が参加したからといって，この上刑罰が目立って重くなるとは考えにくい。それに，裁判員のみの意見が評決とならないよう，裁判員制度の評議ルールでは，本章で示したような「予防策」が定められている。

本書の内容，そして上記した理由から，筆者は個人レベルでも，また評議レベルでも，市民と被害者の裁判参加そのものは，大きな重罰化をもたらさないと考えている。

この想定は，しかし，両条件（被害者が裁判参加する／しない）において，それ以外の要因が同一であることを大前提としている。したがって，たとえば1）被害者の裁判参加をきっかけとして新しい事実が判明したり，2）一般の人々と司法の間にもともと存在していた認識のずれが，被害者らや市民の裁判参加に伴って表面化したような場合，これらの要因が一般の人々の判断に影響を及ぼすことはありうるだろう。

1）はたとえば，加害者やその情状証人の供述に嘘があることや，加害者が遺族に逆切れして無反省ぶりが露呈した場合などがあてはまるだろう。2）については，かつて強姦致死傷罪（現強制性交等致死傷罪）の法定刑・下限（5年）が強盗致死傷罪（6年）のそれより低く，一般の人々の感覚とは明らかにかい離していたことや，飲酒・ひき逃げによるとくに悪質な交通死亡事件が，少し前までは過失事件とほぼ同等に扱われていたことに対する社会の不同意などに見てとることができるだろう。

こうした論点がもたらす量刑上の変化は，いわゆる「バイアス」として切り捨てられるべきではない。持ち込まれた新しい事実をすくいとって真相の解明をしやすくしたり，現行法における市民と司法の認識のずれを顕現化させたりすることは，被害者参加・裁判員の両制度が元来めざしている事柄であり，司法がこれらに適切に対処することに，両制度の意義はあると考えられるからである。このような理由にもとづく「重罰化」は，法と心理領域の伝統的な立場がいうところの「バイアス」とは性質を異にするものであるし，また，こうした変化は本書で検討したことの枠外にある。このことは強調しておかなければならないだろう。

本書の内容に話を戻せば，司法や裁判をめぐり，人々が厳格かつ独特の規範を抱いていることは，両制度の目的に照らして望ましいことであるのか，このままにしておくことがいいのかどうか，一度は議論される必要があるだろう。なぜならば，近年，裁判員の辞退率が65％と高止まりしている背景には，啓発や周知にもかかわらず，刑事裁判に対するこうした信念ゆえの敬遠意識が人々の中に根強くあることを指摘できるからであり，さらに，現行の裁判員制度はおそらく，市民にみられるごく一部の傾向を（特段の根拠もなく）所与として設計されており，このまま進めればどこかで運用上の無理や破綻が生じる可能性があるからである。

そうした議論や実態把握が行われる場には，法学者や政策学者が招聘されることはあっても，心理学者が必要とされ呼ばれることは本当に少ない。法律や制度を策定・評価する段階で，これらと相互作用する存在である人間について，奥行きと深さのある知識や理解を携えていることは不可欠であるし，心理学はまさにそうした知識・理解を追究し，磨き続けてきた学問である。心理学者がもっている人間観についての豊かな知見を，社会の中でもっと活用してほしい，活用させてほしい。そのように願っている。

本書は，2014年３月，東京大学大学院人文社会系研究科に提出した博士学位論文を加筆・修正したものである。論文執筆にあたってたくさんの方からご支援をいただいた。

とくに，唐沢かおり教授（東京大学大学院人文社会系研究科）には，研究生活全般にわたって長らく懇篤なご指導・ご支援をいただいた。博士課程というのは，研究者として独り立ちするための準備期間だといわれるが，この期間，私が必要としていたほとんどすべてのことは，唐沢先生から教えていただいたと思っている。どんな文章をお送りしても，いつでもすぐに目を通してくださり，（びっしり埋まった）コメントとともに返してくださった。それはとても厳しい訓練であったが，同時に，これ以上なく恵まれた，本当に幸せな時間であった。私もいつか先生のように，研究の喜びを学生と共有する指導者になりたいと考えている。

博士論文の審査委員の先生方からは，審査の過程で多くの有益なご指導をいただいた。山口勧名誉教授（東京大学大学院人文社会系研究科）には，自身の研究を国際的に俯瞰することの重要性を教えていただいた。村本由紀子教授（東京大学大学院人文社会系研究科）からは，研究の枠組みを整理し，議論に濃淡をつけるための非常に重要なご指導をいただいた。今在慶一朗准教授（北海道教育大学教育学部）は，領域固有の空気感をよく知る先達として，大胆さと緻密さは両立できる，もっと野心的であれと鼓舞してくださった。宮本聡介教授（明治学院大学心理学部）には，今から約15年前，ご指導をお願いするため水戸の研究室にはじめて伺って以来，私のメンターとして研究や進路に変わらぬご心配とご配慮をお寄せいただいている。

西田公昭教授（立正大学心理学部）は，司法実務で長年にわたり第一線に立ってこられたお立場から，研究成果を誰に向けて，どんなソリューションとして提示するのかをつねに意識するようご指導くださった。荒川歩准教授（武蔵野美術大学造形学部）は，転換期にある日本の法と心理領域への貢献という視座と，自己検閲しすぎないことの大切さを，自らをお手本として教えてくださった。

刊行される過程では，このようにさまざまなお力添えをいただいた本書であるが，至らない点はもちろん執筆者である私にその責がある。

また，本書の実験・調査に協力してくださった皆様にもお礼を申し上げたい。実証研究はこのような方々の協力なくしては成り立たないからである。

東京大学社会心理学研究室の諸先輩・同僚のみなさまにも心から感謝申し上げる。尾崎由佳先生（東洋大学社会学部），大髙瑞郁先生（山梨学院大学法学部），竹内真純先生（神戸大学大学院人間発達環境学研究科）は，研究面でのご指導に加えて，進路に関してもさまざまなご助言やご支援を与えてくださった。高史明先生（東京大学大学院情報学環・学際情報学府）は，ご講義の中でシナリオ実験を行うことをお許しくださり，また研究の方向性についても貴重なご助言を与えてくださった。

本書４章の一部は，荻原ゆかりさん（2010年度東京大学文学部卒業），谷辺哲史さん（2011年度東京大学文学部卒業）との共同研究がもとになっている。聡明な学部生だったおふたりに改めて感謝申し上げる。同時期に博士課程に在籍していた渡辺匠さん（北海道教育大学教員養成開発連携センター），橋本剛明さん（東京大学大学院人文社会系研究科）という，ひとまわりも年若い同級生からはたくさんのことを教えていただいた。月元敬先生（岐阜大学教育学部），品田瑞穂先生（東京学芸大学教育学部），稲増一憲先生（関西学院大学社会学部），伊藤健彦さんからは，リサーチミーティングで多くの有益なご助言をいただいた。共同研究者である齋藤真由さん（2017年度東京大学大学院人文社会系研究科修了）とは，本書のテーマについていくたびも議論を重ね，構想を練る上で力を貸していただいた。福島澄子さんには，諸手続きで便宜を図っていただいただけでなく，終始細やかなお気遣いでサポートいただいた。ここに記して御礼申し上げる。

本書は2018年度学術振興会科学研究費補助金研究成果公開促進費（学術図書）の助成を受けた。大学院修了後，新しい研究や職務にとり紛れて先延ばししているうちに時間ばかり過ぎてしまい，一時は刊行を諦めたこともあったが，このテーマに関心のある学生さんから質問を受けることが何度かあり，やはり何らかの形で記録を残したいと願っていた。科研費の助成を得ることでより自由に，私の望むかたちで研究成果を残すことができ，助成いただいたことに感謝している。

また本書の出版にあたっては，ナカニシヤ出版の山本あかねさんに大変お世話になった。科研費の申請締め切り直前，日本心理学会が開催された久留米の飲食店でたまたま隣席となり，お引き受けいただいたことがきっかけだった。私にとっては非常に幸運なめぐり合わせだったが，（校正のたびに文章を書き換えてくる）面倒な執筆者を抱えることになった山本さんには，不幸なめぐり合わせであったかもしれない。いつも気持ちよく対応くださったことに心から感謝している。「もし実現したら，この出会いをあとがきに書きます」と約束したことも，こうして叶えることができた。

最後になるが，30歳をはるかに過ぎて研究の世界に飛び込んだ私を，信じて見守ってくれた両親と，いつも叱咤激励しながら支えてくれる夫に謝意を述べたい。

巻末資料（教示・裁判シナリオ）

資料１（研究１）

新しい司法制度に関する教示：

2008年から2009年にかけ，次のような２つの制度が刑事裁判に導入されました。
【裁判員制度】
一般市民６名が裁判に参加し，３名の裁判官と一緒に，有罪・無罪や量刑を決める制度
【被害者参加制度】
事件の被害者やその遺族などが裁判に参加して，加害者に質問したり，自分の意見を述べたりすることができる制度

シナリオ提示に関する教示：

今から，あなたご自身がある事件の裁判員に選ばれたという想定で，以下の法廷のやりとりをお読みください。特に，被害者（父親）の発言に注目してください。

提示した裁判シナリオ：

事件のあらまし

事件の加害者である石渡亮（34歳，男性）は，東京大田区××の路上で，会社の同僚であった田中健二（当時32歳）と口げんかの末，持っていた刃渡り10センチのくだものナイフで相手の腹部を刺し，逃走した。被害者は近くの病院に運ばれたが，１時間後に死亡した。罪名・罪状は傷害致死（刑法205条）。加害者は自分の罪を認めている。

--------以下，法廷における主なやりとり--

加害者の弁護人による発言

「加害者は被害者に40万円ほどの金を貸しており，その返済をめぐって以前から口げんかが絶えませんでした。事件当日，返済の約束を得るために被害者を呼び出したところ，“返済できるあてはない”と開き直られたため，思わずカッとなって犯行に及んだものであり，被害者側にも重大な落ち度があると言えます。」

被害者（父親）による被告人への質問

「息子は，なぜあなた（加害者）に殺されなければならなかったのですか。さきほど，息子にも良くない点があったと言われましたが，親の目からみて息子は真面目

で素直な子でした（涙で言葉を詰まらせる）。なぜ，息子との話し合いに，そんな恐ろしい凶器を持参しなければならなかったのですか（その場に泣き崩れる）。」

検察官による論告・求刑

「身勝手で極めて悪質な犯行であるため，加害者を懲役12年の刑に処することが相当と思われます。」

被害者（父親）による論告・求刑

「息子は，私たち夫婦の命より大切な宝物だったのだから（涙をこらえて），加害者は私たち３人を殺したも同然です。ですから，加害者には一番重い刑が下ることを希望します。」

加害者の弁護人による弁論

「加害者には前科前歴がなく，本人も深く反省していることから，どうか寛大な処分をお願いいたします。」

資料２（研究２）

新しい司法制度に関する教示：

昨年から今年にかけ，次のような２つの制度が刑事裁判に導入されています。
【裁判員制度】
一般市民（６名）が裁判員として裁判に参加し，有罪・無罪や量刑を決める制度
【被害者参加制度】
犯罪被害者・遺族や，被害者らの弁護士が刑事裁判に参加して，被告人などに質問したり，自分の意見を述べたりすることができる制度

シナリオ提示に関する教示：

今から，あなたご自身がある事件の裁判員に選ばれたという想定で法廷のやりとりをお読みください。あなたが担当する事件は，新しい制度の今後を占うものとして，多くのマスコミや関係者の注目を浴びています。

提示した裁判シナリオ：

【事件の概要】

被告人，石渡亮（34歳，男性）は，東京都大田区××の路上で，会社の同僚であった田中健二（当時32歳）と口論の末，所持していた刃渡り10センチの果物ナイフで相手の腹部を刺し，逃走した。被害者は近くの病院に運ばれたが，１時間後に死亡した。罪名・罪状は傷害致死，刑法205条。被告人は罪状を認めている。

--------以下，法廷における主なやりとり--

【被告人の弁護人による陳述】

被告人側の弁護人は，次のように述べた。「被告人は被害者に40万円ほどの金を貸しており，その返済をめぐって以前から口論が絶えませんでした。事件当日，返済の確約を得るために被害者を呼び出したところ，“返済できるあてはない”と開き直られたため，思わずカッとなって犯行に及んだものであり，被害者側にも重大な落ち度があると言えます。」

【被害者参加人（被害者の父親）による被告人質問】

「息子は，なぜあなた（被告人）に殺されなければならなかったのですか。さきほど，息子にも至らない点があったと言われましたが，親の目からみて息子は真面目で素直な子でした。なぜ，息子との話し合いに，そんな恐ろしい凶器を持参しなければならなかったのですか。」被害者の父親は，言い終えると嗚咽をこらえきれず，「息子を返してください！」と叫びながらその場に泣き崩れた。

【検察官による論告・求刑】

検察官は，「極めて悪質な犯行である」として被告人に対し懲役８年を求刑した。

【被害者参加人による論告・求刑】

被害者の父親は，涙で途切れ途切れになりながら次のように述べた。「息子は，私たち夫婦の命より大切な宝物だったのだから，あなたは私たち３人を殺したも同然です。」その上で，法定の上限である20年を求刑した。

【被告人の弁護人による弁論】

被告人側の弁護人は，「被告人には前科前歴がなく，本人も深く反省している」と述べ，寛大な処分を求めた。

資料3（研究3）

新しい司法制度に関する教示：

2008年から2009年にかけ，次のような２つの制度が刑事裁判に導入されています。
【裁判員制度】
一般市民（６名）が裁判員として裁判に参加し，有罪・無罪や量刑を決める制度
【被害者参加制度】
犯罪被害者やその遺族，被害者側の弁護士などが刑事裁判に参加して，被告人などに質問したり，自分の意見を述べたりすることができる制度

シナリオ提示に関する教示：

今から，あなたご自身がある事件の裁判員に選ばれたという想定で，法廷のやりとりをお読みください。また，特に被害者（父親）の発言に注目してください。

提示した裁判シナリオ：

【事件の概要】

被告人，鈴木康平（30歳，男性）は，以前勤めていた会社の同僚であった伊藤悠介（当時28歳）から，借りていた金の返済を求められたことに恨みを抱き，東京都大田区××の路上にて同人を待ち伏せ，あらかじめ購入していたレンチ，長さ20cm，重さ３kgで同人の頭部を殴打し，逃走した。被害者は搬送先の病院で搬送直後に死亡した。罪名・罪状は殺人，刑法199条。被告人は罪状を認めている。

--------以下，法廷における主なやりとり--

【被告人の弁護人による陳述】

被告人側の弁護人は，次のように述べた。「殺意があって被害者を殺害したことに間違いありません。しかし被告人は自分の非を認め深く反省しており，情状面での酌量の余地があると考えています。」

【被害者（父親）による被告人質問】

被害者は涙をこらえながら次のように述べた。「息子は，なぜあなた（被告人）に殺されなければならなかったのですか。息子は失業して困っていたあなたを気遣い，お金を貸してあげたというのに。」被害者は，言い終えると嗚咽（おえつ）をこらえきれず，「息子を返してください！」と叫びながらその場に泣き崩れた。

【検察官による論告・求刑】

検察官は，「身勝手で極めて悪質な犯行である」として被告人に対し懲役12年を求刑した。

【被害者（父親）による論告・求刑】
被害者は，涙で途切れ途切れになりながら次のように述べた。「息子は，私たち夫婦の命より大切な宝物だったのだから，あなたは私たち３人を殺したも同然です。」その上で，有期懲役の法定上限である20年を求刑した。

【被告人の弁護人による弁論】
被告人側の弁護人は，「被告人は自分のしたことを認め，深く反省し，刑務所から出たら遺族にあらためて謝罪したいと考えています。また，被告人に前科前歴はありません。」と述べ，寛大な処分を求めた。

資料４（研究４）

新しい司法制度に関する教示：

> 2008年から2009年にかけて，次のような２つの制度が刑事裁判に取り入れられました。
> **【裁判員制度】**
> 一般市民６名が裁判員として裁判に参加し，有罪・無罪や量刑を決める制度
> **【被害者参加制度】**
> 犯罪被害者やその遺族などが裁判に参加し，被告人に直接質問したり，自分の意見を述べたりすることができる制度

映像提示に関する教示：

> 今から，あなたがある事件の裁判員に選ばれたという設定で裁判のビデオを見ていただきます。時間は約10分です。ビデオを見た後，いくつかの質問に答えていただきますので，裁判員になったつもりでビデオをよく見てください。

提示した事件概要：

> 裁判の概要
>
> ・被告人　藤原昭信（ふじわら　あきのぶ）
> ・被害者　遠藤哲也（えんどう　てつや）
> ・事件の内容　被告人は会社の元同僚である被害者から60万円の借金をしていた。被害者から借金を返すように言われたが，被告人が拒否したため口論になった。被告人はカッとなって被害者をレンチで殴り殺害した。
> ・罪名　殺人罪
> ・求刑　懲役12年
>
> このページの文章をよく読んだら声をおかけください。

裁判員制度の目的教示：

> **【共通】**
> 裁判員制度は，一般市民が刑事裁判に参加し，裁判官と協力して判決（有罪・無罪の判断や刑の重さ）を決める制度です。市民からランダムに選ばれた裁判員６名と裁判官３名の合計９名で裁判を行います。
> **【教示あり】**
> 裁判員制度は「市民の素朴な感覚や常識を裁判に取りいれること」を目的に導入されました。今まで裁判官だけで行われてきた裁判にふつうの人々が参加することで，市民の素直な視点や感覚を反映した裁判になることが期待されています。

提示した裁判映像の内容：

①冒頭陳述（２分34秒）

裁判長：それでは被告人，前に出なさい。（被告人，前に出る）名前は何と言いますか。

被告人：藤原昭信です。
裁判長：生年月日はいつですか。
被告人：昭和54年８月27日です。
裁判長：本籍はどこですか。
被告人：愛知県です。
裁判長：住所はどこですか。
被告人：愛知県名古屋市大犬町８－３です。
裁判長：職業は何ですか。
被告人：無職です。
裁判長：それでは，あなたに対する殺人事件について，審議いたします。検察官が起訴状を朗読しますので，被告人はその場で立ったまま聞いてください。それでは検察官，起訴状を朗読してください。
検察官：私は検察官の太田康成です。これから起訴状を朗読いたします。公訴事実。被告人，30歳男性は，2009年12月18日午後５時35分頃，愛知県名古屋市大犬町のさくら公園にて，以前，60万円の融資を受けていた友人の遠藤哲也から金の返却を求められたのに腹を立て，殺意を持って，持っていたレンチ，長さ20センチ，重さ500グラムで遠藤哲也の頭部を殴打し，これをもって同人を同所において頭蓋骨陥没および脳挫傷により死亡させたものである。罪名および罰状，殺人，刑法第199条。以上について審理を求めます。
裁判長：それでは，今，検察官が起訴状を朗読しましたが，起訴状に書かれている内容について何か言い分はありますか。
被告人：いいえ，今読まれたとおり間違いありません。
裁判長：公判前整理手続きの結果にもとづいて審理を進めたいと思います。整理手続きの結果，本件の争点は被告人の行為の悪質性ということになりました。本日午後には被告人質問を予定しています。

②被告人質問（弁護人からの質問）（２分19秒）
裁判長：では弁護人，被告人質問を始めてください。
弁護人：遠藤哲也さんとはどのような関係ですか。
被告人：元職場の同僚です。私が入っていた会社に１年遅れで入ってきました。年が近かったこともあり，以前はよく飲みに行っていました。よく先輩と言って慕ってくれました。私が仕事を辞めてから会ったのは５回くらいだと思います。
弁護人：事件当日はどのように会うことになったのですか。
被告人：当日の７時頃，遠藤君から話があるから会ってくれと電話がありました。
弁護人：時間や場所は先方が指定してきたのですか。
被告人：はい。指定された時間に，指定されたさくら公園に行きました。
弁護人：それは何時頃ですか。
被告人：午後５時と決めていたので，その時間に行きました。
弁護人：どちらが先に着いていたのですか。
被告人：遠藤君が先に来ていました。

弁護人：そこで何が起きたか，詳しく教えてください。
被告人：遠藤君は立ったまま，「妹が結婚することになり，急に金が必要になりました」と話を切り出しました。「貸したお金を全部２か月で返してください」と言われました。私は「そんなにすぐには準備できない」と言いました。遠藤君は「どうしてもいるから何とか作ってください。兄として何とかしてやりたいのです」と言いました。私は少し腹が立って「いつでもいいと言ったじゃないか。とにかくまだ返せない」と言うと，遠藤君は突然「泥棒」と叫び，私の胸をつかみました。
弁護人：あなたはどうしましたか。
被告人：私は泥棒とまで言われて撤回するように言いましたが彼は撤回しないと言ったので，かっとなってしまい，その日，日雇いで使っていて入れっぱなしになっていたポケットのレンチで遠藤君の頭を殴りました。
弁護人：遠藤哲也さんが死んでしまったことについて，どのように思っていますか。
被告人：私にとって一番の友人でしたので，とても悲しく思っていますし，自分のしたことを後悔し，遠藤君や遺族に申し訳なく思っています。
弁護人：以上です。

③被害者参加人による質問（４分28秒）
裁判長：それでは，被害者のご遺族から被告人に対し質問があります。どうぞ。
被害者参加人：哲也を殺害した後，残された遺族の気持ちについて考えたことがありますか。
被告人：はい。何度か考えたことがあります。
被害者参加人：どのようなことを考えたのでしょうか。
被告人：とても申し訳ないことをしてしまったと思いました。そして遺族の方は非常に辛い気持ちでいるだろうと思いました。
被害者参加人：私は初めてそのことを知りました。私があなたにどんなことを言いたいかわかりますか。
被告人：いいえ，よくわかりません。すみません。
被害者参加人：今まで，あなたから一度も謝罪の手紙や電話をいただいたことがないということです。もし私たちに対して申し訳ないという気持ちがあるのなら，どうして連絡してこなかったのでしょうか。
被告人：弁護人の方には何度かそのような気持ちでいると伝えました。
被害者参加人：弁護人に伝えれば，弁護人から私たちに伝えてくれる，それで済むと思ったのですか。
被告人：そういう訳ではありませんが，もっときちんとした形で気持ちを伝えたいと思っていました。
被害者参加人：弁護人に相談はしなかったのですか。
被告人：相談しませんでした。しかし，ちゃんと考えていました。
被害者参加人：あなたにとって，哲也はどのような人間だったのでしょう。
被告人：よい後輩でした。明るいし，とてもさっぱりした性格でした。
被害者参加人：それだけですか。

被告人：いいえ，他にもたくさんいいところがありました。

被害者参加人：では，今あなたが哲也に対して思っていることを全部述べてください。

被告人：遠藤君は僕にとって大切な後輩でした。それなのに，こんなことになってしまって申し訳なく思います。謝っても許してもらえるとは思いませんが，天国にいる遠藤君に謝りたいと思います。

被害者参加人：先ほど検察官の方が朗読していただいた私の調書にありますように，哲也は本当に優しく，家族思いの子どもでした。彼が５歳のとき，私は主人と別れまして，私が哲也を引き取りました。そのことで哲也が私を責めたことは一度もありません。いつも気丈に振る舞い，私が仕事で夜遅くなるときには妹にご飯を食べさせたり，寝かしつけたり，いろいろ面倒を見てくれました。そのころはまだ幼かったので，私にもっと構ってもらいたかったと思います。きっと哲也は我慢していたのだろうと思います。高校を卒業して哲也は大学へは進学せずに，働くことにしました。私たち家族に経済的な余裕がなかったからです。わずかばかりの初任給で，哲也は私にコートを買ってくれました。「せっかく買ったんだから着てみてよ」とよく言われましたけれど，何だかもったいなくて…一度も着たところを見せてやれませんでした。結局，私は哲也を甘えさせてあげることも，満足な教育を与えてやることも，素直に感謝の気持ちや喜びの気持ちを伝えてやることもできませんでした。そんな私を哲也は母として慕い，大切にしてくれました。人の情に厚く気丈に育った哲也を，私は誇りに思っております。私の心の支えでした。あなたが私から奪った哲也という人間は，ただ性格が明るいというだけの人間ではありません。

被告人：すみません。

被害者参加人：以上で質問を終わります。

④論告・求刑，弁護人の弁論（２分10秒）

裁判長：それでは検察官，論告をお願いします。

検察官：裁判員，裁判官のみなさん，被告人は被害者に泥棒呼ばわりされたことからカッとなり，お金を貸してくれた遠藤さんを殺意をもって殺害したのです。被告人は謝罪の気持ちがあるように言っていますが，減刑を求めるためにすぎません。被告人はリストラされるまでは仕事を持ち，それなりに社会生活を送っていました。その点は評価できるものです。しかし何度も借金を重ねるなど，計画性に全く欠けています。本当に遠藤さんのことを考える気持ちがあるなら，60万円になるまで先輩思いの遠藤さんから借金を続けるでしょうか。本法廷で被告人は自らの責任を逃れるための弁解に終始し，本当に反省しているとは到底思えません。被告人の行為は殺人罪に当たり，また人を一人殺したということの責任は極めて重いものがあります。最後に求刑ですが，以上の事情を総合的に考慮し，被告人を懲役12年に処するのが相当です。

裁判長：弁護人，弁論をどうぞ。

弁護人：藤原さんが遠藤さんを殺してしまったことは事実です。しかし藤原さんは自分がしたことを認め，それにとても後悔しています。刑務所から出て仕事を見つけることができたら，遺族にも改めて謝罪をしたいと言っています。藤原さんには前科前歴はありません。どうぞ，寛大な処分をお願いいたします。以上です。

※参加者の負担を軽減するため，②における検察官の反対尋問，④における被告人の最終意見陳述を映像から削除し，時間の短縮をはかった。

資料５（研究５）

新しい司法制度に関する教示：

2008年から2009年にかけ，次のような２つの制度が刑事裁判に導入されました。
【裁判員制度】
一般市民６名が裁判に参加し，３名の裁判官と一緒に，有罪・無罪や量刑を決める制度
【被害者参加制度】
犯罪被害者やその遺族，弁護士が裁判に参加して，被告人（加害者）に質問したり，自分の意見を述べたりすることができる制度

被害者参加制度の目的教示：

【教示あり】
この制度が導入される前，裁判は，
［被告人（加害者）と弁護士］［検察官］［裁判官］から構成されていました。
事件の両当事者の言い分に耳を傾けるため，この制度によって，裁判に
［被害者や遺族，弁護士］が加わることになったのです。
【教示なし】
何も提示せず

シナリオ提示に関する教示：

今から，あなたご自身がある事件の裁判員に選ばれたという想定で，以下の法廷のやりとりをお読みください。特に，被害者（父親）の発言に注目してください。

提示した裁判シナリオ：

事件の概要

被告人，石渡亮（34歳，男性）は，東京大田区××の路上で，会社の同僚であった田中健二（当時32歳）と口論の末，所持していた刃渡り10センチの果物ナイフで相手の腹部を刺し，逃走した。被害者は近くの病院に運ばれたが，１時間後に死亡した。罪名・罪状は傷害致死（刑法205条）。被告人は罪状を認めている。

--------以下，法廷における主なやりとり--

被告人の弁護人による陳述

「被告人は被害者に40万円ほどの金を貸しており，その返済をめぐって以前から口論が絶えませんでした。事件当日，返済の確約を得るために被害者を呼び出したところ，“返済できるあてはない”と開き直られたため，思わずカッとなって犯行に及んだものであり，被害者側にも重大な落ち度があると言えます。」

被害者（父親）による被告人への質問
「息子は，なぜあなた（被告人）に殺されなければならなかったのですか。さきほど，息子にも至らない点があったと言われましたが，親の目からみて息子は真面目で素直な子でした（涙で言葉を詰まらせる）。なぜ，息子との話し合いに，そんな恐ろしい凶器を持参しなければならなかったのですか（その場に泣き崩れる）。」

検察官による論告・求刑
「身勝手で極めて悪質な犯行であるため，被告人を懲役12年の刑に処することが相当と思われます。」

被害者（父親）による論告・求刑
「息子は，私たち夫婦の命より大切な宝物だったのだから（涙をこらえて），被告人は私たち３人を殺したも同然です。ですから，被告人には一番重い刑が下ることを希望します。」

被告人の弁護人による弁論
「被告人には前科前歴がなく，本人も深く反省していることから，どうか寛大な処分をお願いいたします。」

資料６（研究６）

新しい司法制度に関する教示：

> 2008年から2009年にかけ，次のような２つの制度が刑事裁判に導入されました。
> **【裁判員制度】**
> 一般市民６名が裁判に参加し，３名の裁判官と一緒に，有罪・無罪や量刑を決める制度
> **【被害者参加制度】**
> 犯罪被害者やその遺族などが裁判に参加して，被告人に質問したり，自分の意見を述べたりすることができる制度

シナリオ提示に関する教示：

> 今から，あなたご自身がある事件の裁判員に選ばれたという想定で，以下の法廷のやりとりをお読みください。

提示した裁判シナリオ：

事件のあらまし

事件の被告人である鈴木康平（30歳，男性）は，東京大田区××の路上で，会社の同僚であった伊藤悠介（当時28歳）を待ち伏せ，あらかじめ購入していたレンチ，長さ20cm，重さ３kgで同人の頭部を殴打し，逃走した。被害者は搬送先の病院で搬送直後に死亡した。罪名・罪状は殺人（刑法199条）。被告人は自分の罪を認めている。

--------以下，法廷における主なやりとり--

【被告人の弁護人による陳述】

「被告人が被害者を殺害したことに間違いありません。しかし，被告人は被害者に40万円ほどの金を貸しており，その返済をめぐって以前から口論が絶えませんでした。事件前日，返済の確約を得るために被害者を呼び出したところ，“返済できるあてはない”と開き直られ，被告人は追いつめられて本犯行に及んだものであり，被害者側にも重大な落ち度があると言えます。」

> **【[1]検察官／被害者（母親）による被告人質問】**
> 「[1]被害者／息子は，なぜあなたに殺されなければならなかったのですか？さきほど弁護人は，[1]被害者／息子にも至らない点があったと言われましたが，[1]ご両親からみて被害者は真面目でとても誠実な方だったそうです／親の目からみて息子は真面目でとても誠実な子でした。話しあえば分かることなのに，なぜこんな取り返しのつかないことをしたのですか？」

【論告・求刑】

[1]検察官条件：「被害者のご両親は，“息子は，私たち夫婦の命より大切な宝物だったのだから，被告人は私たち親子３人を殺したも同然です”と述べ，被告人の死刑を強く希望されています。

[1]被害者（母親）条件：「息子は，私たち夫婦の命より大切な宝物だったのだから，被告人は私たち親子３人を殺したも同然です。どうか被告人を死刑にしてください！」

共通（検察官）：「本件は身勝手な理由による極めて悪質な犯行であり，被告人は殺人罪で懲役13年の実刑に処することが相当と思われます。」

【被告人の弁護人による弁論】

「被告人は自分のしたことを認め，深く反省し，刑務所から出たらあらためて遺族に謝罪したいと考えています。また，被告人に前科前歴はありません。どうか寛大な処分をお願いします。」

[1]発言者：検察官／被害者（母親）

資料７（研究７）

新しい司法制度に関する教示：

> 2008年から2009年にかけ，次のような２つの制度が刑事裁判に導入されました。
> **【裁判員制度】**
> 一般市民６名が裁判に参加し，３名の裁判官と一緒に，有罪・無罪や量刑を決める制度
> **【被害者参加制度】**
> 犯罪被害者やその遺族などが裁判に参加して，被告人に質問したり，自分の意見を述べたりすることができる制度

シナリオ提示に関する教示：

> 今から，あなたご自身がある事件の裁判員に選ばれたという想定で，以下の法廷のやりとりをお読みください。特に，被害者（父親）の発言に注目してください。

提示した裁判シナリオ：

事件のあらまし

事件の被告人である鈴木康平（30歳，男性）は，東京大田区××の路上で，会社の同僚であった伊藤悠介（当時28歳）と金銭トラブルによる口論の末，持っていた刃渡り10センチの果物ナイフで相手の腹部を刺し，逃走した。被害者は近くの病院に運ばれたが，１時間後に死亡した。罪名・罪状は傷害致死（刑法205条）。被告人は自分の罪を認めている。

--------以下，法廷における主なやりとり--

【被告人の弁護人による陳述】

被告人の弁護人は，次のように述べた。「思わずカッとなって犯行に及んだことは間違いありません。しかし被告人は自分の非を認め深く反省しており，情状面での酌量の余地があると考えています。」

> **【被害者（父親）による被告人質問】**
> 被害者は涙をこらえながら次のように述べた。「息子は，なぜあなた（被告人）に殺されなければならなかったのですか。息子は失業して困っていたあなたを気遣い，お金を貸してあげたというのに。」被害者は，言い終えると嗚咽（おえつ）をこらえきれず，「息子を返してください！」と叫びながらその場に泣き崩れた。

【検察官による論告・求刑】

検察官は，「身勝手で極めて悪質な犯行である」として被告人に対し懲役12年を求刑した。

【被害者（父親）による論告・求刑】
被害者は，涙で途切れ途切れになりながら次のように述べた。「息子は，私たち夫婦の命より大切な宝物だったのだから，あなたは私たち３人を殺したも同然です。」その上で，有期懲役の法定上限である20年を求刑した。

【被告人の弁護人による弁論】
被告人の弁護人は，「被告人は自分のしたことを認め，深く反省し，刑務所から出たらあらためて遺族に謝罪したいと考えています。また，被告人に前科前歴はありません。」と述べ，寛大な処分を求めた。

資料８（研究８）

新しい司法制度に関する教示：

2008年から2009年にかけ，次のような２つの制度が刑事裁判に導入されました。
【裁判員制度】
一般市民６名が裁判に参加し，３名の裁判官と一緒に，有罪・無罪や量刑を決める制度
【被害者参加制度】
事件の被害者やその遺族などが裁判に参加して，被告人に質問したり，自分の意見を述べたりすることができる制度

シナリオ提示に関する教示：

今から，あなたご自身がある事件の裁判員に選ばれたという想定で，以下の法廷のやりとりをお読みください。

提示した裁判シナリオ：

事件のあらまし

事件の被告人である鈴木康平（30歳，男性）は，東京大田区××の路上で，会社の同僚であった伊藤悠介（当時28歳）を待ち伏せ，あらかじめ購入していたレンチ，長さ20cm，重さ３kgで同人の頭部を殴打し，逃走した。被害者は搬送先の病院で搬送直後に死亡した。罪名・罪状は殺人（刑法199条）。被告人は自分の罪を認めている。

--------以下，法廷における主なやりとり--------

【被告人の弁護人による陳述】
「被告人が被害者を殺害したことに間違いありません。しかし，被告人は被害者に40万円ほどの金を貸しており，その返済をめぐって以前から口論が絶えませんでした。事件前日，返済の確約を得るために被害者を呼び出したところ，“返済できるあてはない”と開き直られ，被告人は追いつめられて本犯行に及んだものであり，被害者側にも重大な落ち度があると言えます。」

【被害者の母親による被告人質問】
「息子は，なぜあなたに殺されなければならなかったのですか？さきほど弁護人は，息子にも至らない点があったと言われましたが，親の目からみて息子は真面目でとても誠実な子でした。話しあえば分かることなのに，なぜこんな取り返しのつかないことをしたのですか？」

【検察官による論告・求刑】
「本件は身勝手な理由による極めて悪質な犯行であり，被告人は殺人罪で懲役13年の実刑

に処することが相当と思われます。」

【被害者の母親による論告・求刑】
「息子は，私たち夫婦の命より大切な宝物だったのだから，被告人は私たち親子３人を殺したも同然です。どうか被告人を死刑にしてください！」

【被告人の弁護人による弁論】
「被告人は自分のしたことを認め，深く反省し，刑務所から出たらあらためて遺族に謝罪したいと考えています。また，被告人に前科前歴はありません。どうか寛大な処分をお願いします。」

被害者の裁判参加なし条件では，【被害者の母親による被告人質問】と【被害者の母親による論告・求刑】は記載されなかった。

人名索引

A
Abrams, D. 17
Arbuthnot, J. 12, 13, 15, 107

B
Bandes, S. A. *iii*, 19, 108
Banning, S. A. 32, 41, 42, 52, 82-84, 88, 106
Baron, R. M. 50
Berger, J. 23
Blumenthal, J. A. 10, 15, 19, 107, 112
Bohner, G. 17
Boor, M. 101
Bornstein, B. H. 20
Bottoms, B. L. 16, 17, 19, 20, 108, 112
Boyll, J. R. 107
Buddie, A. M. 17
Burkhead, M. 10, 15, 107
Butler, B. 11, 15, 17, 107

C
Cohen, J. 28, 31
Cush, R. 101

D
Damasio, A. R. 20
Dambrot, F. H. 17
David, P. 29
Davison, W. P. 23, 30, 31, 33, 42, 45, 106
Deise, J. 10, 15, 107
Dennison, S. 101
Driscoll, P. D. 27, 30, 46, 52, 83, 87, 105
Dunning, D. 28

E
Eisenberg, N. 22
Erez, E. 9, 15, 107

F
Faber, R. J. 31, 32
Feild, H. S. 17
FosterLee, L. 11, 15, 17, 107
FosterLee, R. 11
Foote, D. *i*, 3, 4, 20
Fox, G. B. 11
Frese, B. 17

G
Gilovich, T. 23
Godwin, D. 14
Golan, G. J. 32, 41, 42, 52, 82-84, 88, 106
Goodman-Delahunty, J. 101
Greene, E. 6, 8, 16, 20, 107, 111, 112
Gunther, A. C. 23, 25, 26, 28, 29, 43, 46, 52, 83, 105

H
Hagan, J. 8, 107
Havice, M. J. 30
Hills, A. M. 13, 15, 107
Ho, R. 11
Holzberg, A. D. 28
Huang, L. 24
Hwa, A. P. 23

J
Jenkins, M. J. 17
Johnson, M. A. 29

K
Kenny, D. A. 50
Kopper, B. A. 17

L
Latter, R. 14
Luginbuhl, J. 10, 15, 107
Lundy, L. 32
Lynn, S. J. 13

M
Maryland, Booth v. 6
Masser, B. 17
McGowan, M. G. 14, 15, 107
Megias, J. L. 17
Meyerowitz, J. A. 28
Miller, A. G. 17
Molouki, S. 23
Moya, M. 17
Mundy, P. 26, 46, 52, 83, 105
Mutz, D. 28
Myers, B. 6, 8, 12-16, 20, 107, 111, 112

N
Nadler, J. 15, 16, 107
Nemeth, R. J. 101
Nussbaum, M. C. *iii*, 19, 20, 22, 46, 108, 112

P
Paternoster, R. 10, 15, 107
Perloff, R. M. 24, 28, 31, 46, 53, 78, 87, 92, 105
Price, V. 24, 26, 28, 43, 46, 52, 83, 84, 105
Pronin, E. 23-25, 27, 28, 41, 46, 53, 54, 78, 105

R
Roeger, L. 9, 15, 107
Rojas, H. 31, 41, 42, 52, 82-84, 88, 106
Rose, M. R. 15, 16, 107
Rosenfeld, R. 30
Ross, L. 23
Rucinski, D. 30, 77, 87, 105

S
Salerno, J. M. 16, 17, 19, 20, 72, 108, 112
Salmon, C. T. 30, 77, 87, 105
Salwen, M. B. 27, 30, 46, 52, 83, 87, 105
Schmidt, K. 54, 78
Shah, D. V. 31, 32, 41, 42, 52, 82-84, 88, 106
Silverblatt, A. 30
Smith-Lovin, L. 101

T
Tewksbury, D. 24, 43
Thompson, G. M. 101
Thomson, D. M. 13, 15, 107
Thorson, E. 26, 46, 52, 83, 105
Tiedge, J. T. 30, 43, 77, 87, 105
Tontodonato, P. 9, 15, 107
Tsoudis, O. 101

V
Viki, G. 17
Voss, A. 20

W
Walsh, A. 9, 15, 107
Weinstein, N. D. 28
White, H. A. 25, 29, 46, 52, 83, 105
Wiener, R. L. 20, 112
Winstanley, S. 14

Y
Youn, S. 32

あ
合田悦三 110
浅井暢子 44
足立昌勝 7, 107
荒川　歩 42, 110
飯島　泰 5
石崎千景 42, 43, 55, 61
井上　豊 110
大谷晃大 6
岡　慎一 112
荻原ゆかり 54

か
加藤克佳 6
神山啓史 112
唐沢かおり 7
唐沢　穣 44
川崎英明 8, 107
北村英哉 22
工藤恵理子 28, 54, 78
河野哲也 iii, 19, 20, 22, 46, 108, 118
小林麻衣子 7

さ
佐伯昌彦 6
佐藤文彦 6
椎橋隆幸 6, 21, 46
白岩祐子 7, 21
白木　功 5
白取祐司 8, 107

た
高林久美子 27
武内大徳 6
龍岡資晃 113
田中三彦 20
溜箭将之 *i*, 3, 4, 20

な
仲真紀子 25, 101
沼﨑　誠 27
野原俊郎 110

は
原田國男 109
番　敦子 6
藤島喜嗣 28

ま
前田雅英 110
丸田　隆 3, 4, 22
守屋典子 6

や
山下幸夫 8, 107

わ
若林宏輔 42

事項索引

か
感情 *i-iv*, 7, 8, 10, 11, 13, 14, 16, 17, 19, 20-22, 33-36, 38, 46, 53, 54, 56-60, 62, 63, 67, 71-74, 80, 83, 84, 88, 96, 99, 101, 105, 107-109, 112,

123
教育程度　29-31, 77, 82, 87, 105
刑罰促進効果　*iii*, 11, 16, 95, 98, 123
検閲意図　31, 32, 36, 52, 53, 106

さ
裁判員　*i-iv*, 1, 2, 4, 7, 8, 21, 23, 25, 35-37, 39, 41-45, 47-49, 51, 54, 55, 57-62, 65, 67, 68, 71-75, 80-82, 87-90, 92, 93, 96, 101-103, 106, 109-112, 123, 124
　——制度　*i*, *ii*, 1-4, 7, 22, 33, 39, 42, 47, 54, 60-62, 64, 65, 67, 73, 74, 79, 89, 96, 99, 101, 104, 109, 111-113, 123, 125
裁判信念　20, 35-39, 46, 53, 54, 56, 59-63, 65-67, 69-77, 79-83, 87-89, 92-99, 102, 103, 108-112
参審制度　2
自己インパクト　24-33, 35, 36, 38, 39, 41-56, 58-60, 62-72, 75-85, 88, 90-94, 98, 99, 102-106
自己抑制　*iv*, 23, 25, 34, 35, 37, 38, 41, 71, 76, 77, 80, 81, 83, 95, 98, 103, 108, 110, 113
自然実験　8, 9, 15, 16, 33
シナリオ・映像実験　9
司法制度改革審議会（法制審）3, 19, 22
市民ステレオタイプ　21, 36, 38, 53, 54, 56, 58, 81, 82, 85, 88, 89, 91-93, 99, 101, 102, 104
社会的影響に関する非対称な認知　23
社会的距離　28-31
就職禁止事由　2, 87
証人尋問　5, 72
self-serving（自己奉仕的）な動機　27, 28, 34, 46, 53, 93, 105
選任手続き　1, 2

た
第三者効果　23-39, 41-54, 56, 60, 63-67, 69, 71, 73, 76-84, 87, 90, 92, 93, 99, 102-107
他者インパクト　24-38, 41-45, 47-56, 58, 62-65, 68, 69, 71, 75-77, 81-85, 87, 88, 90-94, 99, 102-106
知識量　30, 31, 87, 105
投票行動　24, 32, 36, 52, 83, 106

な
認知バイアス　23, 28, 54, 56, 78

は
陪審制度　2
犯罪事実の認定　1, 2
被害者　*ii*, *iii*, 1, 3-16, 19, 21-23, 25, 33-39, 41-47, 49-77, 79-83, 85, 87-99, 101-111, 113, 123, 124
　——参加制度　3, 4, 6, 7, 21, 22, 33, 39, 42, 47, 49, 51, 54, 56-58, 61, 66-74, 79-81, 83, 89, 96, 101, 102, 104, 109, 111, 123
　——参加人　5, 7, 21, 48, 61
　——ステレオタイプ　21, 35, 36, 38, 53, 54, 56, 58-63, 65
引き出し効果　16, 107
非現実的な楽観主義　28
被告人質問　5, 43, 48, 55, 61, 68, 72, 74, 90, 97
評議　*iv*, 1, 2, 4, 12, 15, 111, 113, 123
評決　1, 3, 12, 111, 123
VIS　5, 6, 8-11, 14-17, 20, 33, 101, 107, 110
平均点以上効果　28
法的判断　*ii*, *iv*, 1, 7-9, 12, 17, 20, 22, 25, 34, 37, 45, 101, 103, 104, 107, 108, 112, 113, 123

ら
理性　*iii*, *iv*, 17, 19-22, 25, 29, 33-39, 46, 53, 54, 56-60, 62-67, 69-77, 79-83, 87-89, 92-99, 101-105, 108-112
量刑　1-3, 7-17, 25, 33, 34, 36-39, 41-45, 47, 48, 50-53, 55, 57-60, 62-64, 66, 68-72, 74, 75, 77, 79-84, 87, 88, 90, 92, 94-99, 101-104, 106-110, 112, 124
論告・求刑　5, 43, 48, 55, 61, 68, 72, 74, 90, 97

著者紹介

白岩　祐子　（しらいわ・ゆうこ）

東京大学大学院人文社会系研究科社会心理学研究室専任講師。博士（社会心理学）。主著に，『公認心理師の基礎と実践〈第11巻〉社会・集団・家族心理学』（分担執筆，遠見書房，2018），『犯罪心理学事典』（分担執筆，丸善出版，2016），『犯罪と市民の心理学』（分担執筆，北大路書房，2011）など。

「理性」への希求
裁判員としての市民の実像

2019年2月20日　初版第1刷発行　（定価はカヴァーに表示してあります）

著　者　白岩祐子
発行者　中西　良
発行所　株式会社ナカニシヤ出版
〒606-8161　京都市左京区一乗寺木ノ本町15番地
TEL 075-723-0111　FAX 075-723-0095
http://www.nakanishiya.co.jp/
Email iihon-ippai@nakanishiya.co.jp
郵便振替 01030-0-13128

装幀＝白沢　正
印刷・製本＝亜細亜印刷

ISBN978-4-7795-1353-4